新装版

精神科医

が教える

お金をかけない「老後」の楽しみ方

保坂隆

PHP

新装版　はじめに　老後ほど自分らしく、人生を楽しめるときはない！

「なんだか老後のお金が不安でしかたがない」という人がたくさんいます。「十分にあるでしょう」と思うくらいお金を持っている人でも、「もしインフレになったら……」などと不安の種を探しています。つまり、どんな状況でも不安を感じているのです。逆に、「それくらいの貯えで大丈夫なの？」と言いたくなる状況でも、それほど不安を感じていない人もいます。

不安だと思うから不安になる。それが不安の正体ではないでしょうか。その不安を解消させるにはどうしたらいいでしょうか。

私はこれまで「老後ほど自由で、自分らしく、自分が好きなように人生を楽しむことができる時期はない」と書いてきました。

お金についても同じです。家族を抱え、特に子どもを育てている間は、どうしても必要なお金があります。でも、子どもたちを自立させた後は、家族といっても配偶者と、場合によって老いた親がいるくらいでしょう。ひとり老後の場合も、若い頃とは異なって、どうしても必要というお金は少なくなってきます。

人生は案外うまくできていて、年をとり、お金を稼ぐ力が小さくなる頃には、必要なお金も徐々に減ってくるものです。これから先は、そんなにお金にこだわらなくても好きに生きていけるはずです。

そして、これからが人の「真の価値」が試されるときです。お金をある程度自由に使える老後は、持っているお金の多少よりも、お金をどう使うかで、その人の価値が見えてくるといっても過言ではありません。

長い間には、誰もが知らず知らずのうちに、いろいろなものをため込んでいて、日々の暮らしや人間関係についても、不要なこだわりなどムダがいっぱいです。それらを整理し、ムダを切り捨てていくと贅肉がとれて、シンプルでシック、そして素敵な暮らしが見えてくるのではないでしょうか。

人生の後半期になって目指す「賢い生活」は、他人や世間の価値観にわずらわされず、自分らしいお金の使い方をすることでしょう。本質を大事にし、真に自分らしい本来の生き方、このうえなく深い充実感を味わう暮らしを取り戻していくことです。

実際に、お金があってもなくても、つつましく静かな暮らしを営んでいる人がいます。けっして貧相でもみみっちくもなく、毅然と背筋を伸ばし、大らかに老後を生きています。

世の中のたいていの人は、限りあるお金で人生を最後まで生きていくものです。そうした限りあるお金でも、使い方に自分なりの価値観で優先順位をつけ、順位の高くないものはできるだけ出費を抑え、その分を優先順位の高いものに振り分ける……。

自分らしくメリハリをつけてお金を使って生きていく。そんな暮らしこそ、本当にお金を生かして使った人生と言えるのではないか。私はそう考えています。

本書は、お金のやりくりを中心にして、老後の体力、気力、感覚や感情などの微妙な衰えも上手にやりくりして、これまで以上に幸せに生きていくための知恵やスキルなどをまとめています。また、私は医師という仕事柄、老後についての話をいろいろ耳にすることがあり、そうした体験も紹介したいと思います。

身のまわりの小さなアイデアや暮らし方のヒント、発想の切り替え方、シニアライフを充実させる情報など、できるだけ幅広く集めましたから、どんな人にも役立つ一冊になっているはずです。

この本の中にその答えを見つけ、これから先の人生に役立てていただければ、著者としてこれ以上うれしいことはありません。

二〇二四年六月　保坂　隆

目次

新装版　精神科医が教える　お金をかけない「老後」の楽しみ方

新装版　はじめに……3

第1章

老いてからの「節約」とは何か？

残りの人生の優先順位をつけていく

- 質素で素朴——意外だった「アメリカ生活」の素顔……18
- 服装から「庭師」に見えたダイアナ妃の父上……21
- 二十一世紀も健在な「modest」という価値観……23
- ワーズワースの理想生活——「低く暮らし、高く思う」……26
- 簡素の中に「高度な精神世界」を楽しんだ日本人……28

○「どんなに財があっても、欲が多ければ貧しい」……30
○「もったいない精神」の本質――対象へのリスペクト……32
○老いたら「ものの命をまっとうさせる」姿勢を大事に……34
○年金暮らしのお金の使い方も「選択と集中」……37
○「節約は楽しい！」――足りなくなったら買いに行くから卒業……40
○「節約は美しい！」――新たな文化や伝統工芸の世界が生まれた……42
○「捨」とは、欲望をどんどん整理していく生き方……45
○時計を見なくてもいい暮らし――「閑」の時間を持つ……49
○音のない「静かな時間」を過ごす歓び……52

第2章 「老いの日」の食生活

「生命の循環」を見つめ直す

○一人の食事でも「いただきます」「ご馳走さま」の心を忘れない……56

○家族が減ったら、鍋やフライパンのサイズを見直す……59
○冷蔵庫はあくまで一時保管場所。貯蔵庫ではない……62
○「冷蔵庫空っぽデー」の手料理で弾んだ夫婦の会話……64
○ひとり老後なら、野菜は割高でも「一個買い」に……68
○年金暮らしで外食の「費用対効果」を高めるには？……70
○小食気味のシニアは、外食で「ドギーバッグ」を活用しよう……72
○残りものは「松花堂弁当」仕立てで、おしゃれに食べる……75
○食が細くなったからこそ「旬のもの」「土地のもの」を食べよう……77
○「生命の連環」を意識する――米のとぎ汁を草木に与える……79
○大根の葉、根三つ葉……窓際のミニ栽培でいつも新鮮な青みを……81
○自宅でベジタノルヤードの代わりにハーブを栽培……84
○「食品の無駄」を社会からなくす地域貢献活動もある……87

第3章

自分の体との「ほどよい」付き合い方

頑張るところ、養生するところ

◦赤字が膨らむ一方の健康保険――使わずにすめばそれがいちばん……92
◦定年後こそ健康診断にお金を使う――ほったらかしこそ高くつく……94
◦年齢とともに「自分の体に対するセンサー」を磨こう……96
◦医療も介護も「かかりつけ医」が窓口になる時代に……99
◦これと思う健康投資は惜しまない
――心身のストレスは浪費のもと……101
◦「若さ」にこだわらない、「もう年だから」と開き直らない……103
◦「マイカー時代」を過ごした団塊の世代こそ歩く習慣を……105
◦低体温は体調不良のもと――「年寄りの冷や水」に気をつける……108
◦「体を温める」には入浴がいちばん――温泉、湯の花、塩湯、酒湯……110

・加齢による「体内時計」の変化――早寝早起きは自然現象……112
・年を取ったら、少しの時間に「上手に休む術」を身につけよう……115
・増える高齢者のうつ病――早く寝て忘れてしまうのがいちばん……117

第4章

老後、気になるお金のこと

「経済的な不安」をどう乗り越えるか？

・「何とかなる。何とかやっていく」――これが年金暮らしの心得……120
・一泊旅行で「老後の生活会議」の話し合いをまとめた夫婦……121
・「夢のような老後」を語るマスコミの数字に踊らされない……124
・禅寺の参籠で「日常の欲望」がそぎ落とされたMさん……126
・私のセミ引退体験――お金では得られない満足感を知る……130
・超高齢者から高齢者に遺産が受け継がれる時代に……132

○お金持ちより時間持ち
　――計画して定年前に会社を退いたYさん……134
○ボーナスと縁が切れたら、クレジットカードとも縁を切る？……137
○「財布に現金が少ない」と不安な世代にお勧めの肌付銭……139
○欲しいものとの「ご縁」を試して衝動買いにストップ！……141
○やり直しができない老後だから、保険を真剣に考えておく……143
○おいしい儲け話のワナ――晩年に「欲をかく」のは大損のもと……146
○老後に車は必要だろうか？――使用度、維持費、事故の危険……147
○ペットも高齢になる――多額の治療費、介護の問題……149
○電気料金の値上げを機に、わが家の「省エネ」を見直そう……151
○電気代いらず――季節ごとの「住まいの衣替え」はいかが……155
○緑のカーテンで窓をおおう――人気ナンバーワンは断然ゴーヤ……157

第5章

いくつになっても楽しく遊ぶ

地域・趣味・仕事の新たな人間関係

- 定年後の人間関係――「まずは地域へ帰る」ことが第一歩……162
- 地域主催の「生涯学習」などは積極的に盛り上げていこう……165
- 「おごらない」「おごられない」――地域の人間関係の鉄則……168
- 人生のベテランらしい「スマートな割り勘」を身につけよう……170
- 趣味のお金は老後もケチらない――思いがけない行動力を生む……172
- 仲間と始めたボランティア活動――新たな生きがいの発見……174
- 小さい仕事をバカにしない――とにかくやってみる、続けてみる……177
- 「パック旅行」よりも思い出が残る「個人旅」を夫婦でぜひ……180
- おみやげのお返しのお返しの「不毛な流れ」にストップを……183
- どうしてもの場合は、「観光客向け」ではない地元の食べ物を……185

○形式的な贈答習慣を見直す――本当の人間関係の大切さとは？……186
○飲み会をやるなら「うち飲み」で――仲間づくりの拠点にも……188

第6章

家族に何を遺すべきか

お金には代えられない思いと絆

○家族へのいちばんの贈り物――一緒に過ごす時間と思い出……192
○「団塊世代」から定年後の夫婦関係に変化――絆を結び直す……194
○老後の最高の養生は「夫婦仲よく過ごす日々」……197
○夫も妻も自立する――どんな場合も最後まで支え合えるように……199
○教育こそが一生の財産――子どもが「選んだ道」を進ませる……201
○孫の教育資金一五〇〇万円まで「非課税」の制度について……203
○孫の欲しがる「ポケット」にならない――お互いに不幸になる……207
○祖父母が、小さな孫に伝えるべき「自然と生きる知恵」……210

・「本当に困ったら開けなさい」――弟子に残した一休さんの遺産……213

第7章

最期の日まで自分らしく生きる

人生の総決算は潔く、清々しく

・弔いはどうされたいか――人生の幕をどう引くか考える……218
・年齢を重ねたら、死について深く考える時間を持つ……221
・「自分の最期」について夫婦や家族ともっと話し合おう……224
・「自然な老い、自然な死」を受け入れる人生観が増えている……227
・いまこの一瞬を生きることは、永遠を生きること……231
・「お金があってもなくても、人生は人生」と言いきれる人……232
・すべてを素晴らしいものに変えてしまう「ありがとう」……234
参考文献……237

編集協力　幸運社
ブックデザイン　小口翔平＋畑中　茜＋青山風音（tobufune）
カバーイラスト　ツキシロクミ
組版　朝日メディアインターナショナル

第1章

老いてからの「節約」とは何か？

残りの人生の
優先順位をつけていく

質素で素朴
――意外だった「アメリカ生活」の素顔

若い頃の話になりますが、私はカリフォルニア大学に留学することになり、ワクワク気分でアメリカ生活をスタートさせました。

テレビや映画で見聞きしたアメリカの生活は、大きな車で巨大なスーパーに出かけていき、両手で抱えきれないほど大量に食料を買い込んできて、これまた巨大な自宅の冷蔵庫にぎっしりと詰め込んでおく。家族は冷蔵庫から、コーラでもアイスクリームでも好きなときにいつでも自由に出し入れし、大きなボトルやパックから好きなだけ食べている……。

一九九〇年頃の話ですが「消費文化」の象徴のような暮らしぶりは、まだ当時の日本人にとって夢であり、憧《あこが》れでもあったのです。

ところが、実際に出会ったアメリカ人の暮らしというのは、拍子《ひようし》抜けするほど質素で素朴なものでした。

彼らの最高のもてなしは「週末、わが家でディナーを一緒にどうですか?」と夕食に招いてくれること。初めて私に声をかけてくれたのは、著名な精神科医で、私はやや緊張気味で出かけていったものでした。

街の中心部から少し行ったところにある大きな家に招き入れられると、まず、各部屋を案内し披露《ひろう》してくれます。これは欧米流のおもてなしの基本。昔はすべての部屋を案内し、「あなたの命を狙う兵はどこにも隠れていませんよ」と示したことから生まれた習慣だと聞いたことがあります。

現在では、家のすみずみにまで行きわたっている、その家の主人、特に女主人（奥さん）のインテリアセンスを自慢するためのようで、どの部屋も本当におしゃれに、個性的にまとめられています。

最初の挨拶《あいさつ》には子どもも顔を揃《そろ》えますが、その後、子どもたちは自室に引き上げ、大人だけの時間になります。ところが、その大人のために用意されたディナーは、野菜サラダとパスタ程度の簡単なもの。日本だったら、わざわざ食事に招待しておいて……と、ちょっと引いてしまうのではないでしょうか。

でも、その代わりに和やかな会話が盛んに交《か》わされるのです。アメリカ人はオープンマインドな人が多く、遠来《えんらい》の友、まだ語学力にもハンディがある私が少しも気後《おく》れするようなことがないように、退屈するようなことがないようにと、細やかな気配りを欠かしません。

やがて、野菜サラダの材料の多くは自宅のバックヤード（裏庭）で教授自身が栽培したものであり、またパスタは奥さんの手作りの生パスタだということを知り、この日のメニューがいかに心のこもったものか、手間と時間をかけたものであるかが分かりました。パスタのソースは、二日がかりで煮込《にこ》んだものだったそうです。

極めつけは奥さん手作りのデザート。季節のフルーツをたっぷり使ったタルトで、ほどよく甘さが抑えてあって、いまでもその味を忘れられないくらい、おいしい一品でした。

このように気取りがなく、背伸びもしない。お金はそれほどかけていないかもしれないけれど、手間と時間を思いきり、たっぷりかけた最高のおもてなし。

その日のディナーは、「派手でゴージャス」「浪費が大好き」という私のアメリカ人像を完全にひっくり返してしまうものでした。彼らの素顔はもっと自然体。あるがままの姿で大らかに、率直に、そして意外なほど質素に暮らすものだったのです。
以前から、贅沢三昧《ぜいたくざんまい》の人よりも簡素で心静かな暮らしを選ぶ人に好感を覚えてはいましたが、アメリカ人の気取らない生活を楽しむ様子を目の当たりにしてからは、いっそうシンプルでナチュラル、贅を求めることのない暮らしに満足感を見出すようになりました。

服装から「庭師」に見えたダイアナ妃の父上

そうしたアメリカ文化の母体であるイギリスでは、いまなお、質素で堅実であることが尊敬すべき価値と考えられていると聞きます。

一九八〇年代に、ケンブリッジで何年間か勉強した経験を持つ知人がいます。日本からの滞在者は、週末にはハイウェイを飛ばして、絵のように美しい光景が広がるカントリーサイド（田舎）を楽しんだり、各地に点在する貴族の邸宅《ていたく》などを見て過ごすことが多いようですが、その人もある日、ダイアナ妃《ひ》の実家に出かけたそうです。

ダイアナ妃はスペンサー伯爵《はくしゃく》家の出身。イギリスは今でも貴族制度が残っていて、スペンサー伯爵はその貴族の中でも二百五十年もの歴史と格調を誇る「名家中の名家」の一つとされる家柄です。

イギリス中部にある伯爵の本宅は、敷地内で狐《きつね》狩りができるほどの広大さで、その中に堂々たるお城が建っています。どこが入口なのか分からず、知人は「そうだ、あそこの庭師に聞いてみよう」と、モサッとした外見の男性に話しかけたそうです。

でも顔を見ると、ダイアナ妃の結婚式の報道などで、新聞やテレビで何度も見かけたスペンサー伯爵とすぐに分かったといいます。ちょうどウィリアム王子が生まれた頃だったので、「王子さまのご誕生、おめでとうございます」と言うと、「天にも昇るくらいうれしいです」と気さくに答えてくれたそうです。

あまりに飾《かざ》らない人柄に、あれこれ話しかけ、五～六分ほど立ち話を楽しんでしまったと、今でも得意気に話すことがあるくらいです。

もっと飾り気がなかったのは、スペンサー伯の服装だったとか。着古したシャツに作業用のズボン――。足には、これもかなり使い込んだゴム長《なが》をはいていたそうです。

遠目にはもちろん、近くに寄っていっても顔を知らなければ、誰も伯爵本人だとは思わないだろうと、自分が伯爵を庭師に間違えたことを棚に上げて、知人も笑っていました。

二十一世紀も健在な「modest」という価値観

もちろん、スペンサー伯も出るところに出るときには、最高級の仕立て屋に注文した寸分《すんぶん》の狂いもないスーツでビシッと決めて登場します。

でも、ふだんは、かくのごとく質素で地味なのです。

イギリス人は人をほめるとき、よく「modest」という言葉を使うそうです。

「あの人はmodestで、真のジェントルマンだ」というように。辞書を引いてみると、modestとは、「控《ひか》え目な」とか「謙遜《けんそん》した」「つつしみ深い」などという意味に続き、「上品な」「しとやかな」「穏当《おんとう》な」といった言葉が出てきます。

真のジェントルマンやレディと呼ばれるにふさわしい人は、派手だったり、一目でお金がかかっていると見透かされるような様子や格好はしないもの、という暗黙のルールがあるのでしょう。あくまでも控えめな、一見、質素なくらいの服装のほうが上品で感じがいい。そう評価する伝統があるわけです。

式典に参加するような特別な席は別にして、ふだん、ちょっと出かけるような場合に、いま新品をおろしたと言わんばかりの服装も微妙に避けると聞きます。また「取っ換え引っ換え」というのも、イギリス人が否定する姿です。これも受け売りなのですが、知人がイギリス滞在中に知り合ったある教授は年中、同じセーターを着ているのだそうです。「着た切り雀《すずめ》」——日本なら、そんなふうに言われそうです。

でも彼は、秋から春にかけては毎日、同じ色、同じ形のセーターで平然としているのですね。

後で分かったのだそうですが、この教授は名家の出で、お金は一生贅沢しても使いきれないほど持っている。でも、いろんな服を「取っ換え引っ換え」というような品のない着方はしたくない。

そこで、同じ形、同じ色のセーターを一度に一ダースぐらい買っておき、実はしょっちゅう着替えていたというわけです。

セーターもちょっと見にはプレーンで、何の変わりもなく見えたそうですが、実は王室御用達《ごようたし》の名店で買った非常に高価なものだったとか。

こんな手の込んだ工夫をしてまで「modestな人だ」という印象を確保したい、質素で堅実な人柄に見られたいという、イギリス人の願望の強さを示す逸話《いつわ》ではないでしょうか。

反対に、人目を引くゴージャスなおしゃれをしたり、取っ換え引っ換え、真新しいドレスを着てくるような人を、イギリス人は「nouveau riche」と言い放ちます。「ヌーボー・リッシェ」――フランス語で「にわか成金《なりきん》」「成り上がり者」という意味でしょう。

けっして英語で表さないのは、英仏戦争以来のわだかまりが残り、フランス人をあまりよく言わないからだと聞きます。

こうした話からしても、「ピカピカ」「ゴテゴテ」「ハデハデ」は評価しないというイギリス人の精神が、二十一世紀のいまでも健在なのはたしかなようですね。

ワーズワースの理想生活——「低く暮らし、高く思う」

イギリスでもかつてバブル経済は経験ずみ。その当時は派手を好んで暮らしていたようですが、賢明なイギリス人はすぐに、派手や豪華さを求める物質本位の暮らしのむなしさを知ったようです。

ワーズワースの『ロンドン 一八〇二年』という詩の中に、「Plain living and high thinking（質素な暮らし、高遠《こうえん》なる思索《しさく》）」という一節があります。

この詩が書かれた十九世紀に、イギリスは産業革命をいち早くなしとげ、工業化により圧倒的な経済力と軍事力を誇り、世界一の繁栄を謳歌《おうか》していました。

その繁栄は国民にも浸透し、当時はイギリス人も「バブリーな暮らし」に惹《ひ》かれていた人が少なくなかったのでしょう。

ワーズワースの詩は、それを鋭く批判しています。

「強奪、貪欲《どんよく》、消費……。これぞわれらが偶像《ぐうぞう》。

われらはこれを崇《あが》むる。

質素なる暮らし、高遠なる思索はすでになく……」

貪欲な態度や消費に走る暮らしからは、高遠な思いは消えてしまう——。そう詩に詠《よ》むことで、ワーズワースは「低く暮らし、高く思う」という精神性の高さを取り戻そうと訴えかけたかったのでしょう。

「Plain living」は直訳すると、「シンプルな暮らし」となります。余分な飾りや余計なものを省《はぶ》いて無駄がなく、でも必要なものは過不足なくしっかりあるという暮らしです。

そうした生活のほうが、「人の思い」は高まっていくのではないでしょうか。

ワーズワースの詩の拡大解釈になりますが、バブル経済を経て、過剰なくらい贅沢な消費文化にひたってきた現在の日本の高齢者、そしてこれからの予備軍は、本格的な老後に向かういまこそ、「Plain living and high thinking」という精神を心に刻み込む必要があると、私は思うのです。

簡素の中に「高度な精神世界」を楽しんだ日本人

テレビの番組で、ブルボン王朝の栄耀《えいよう》栄華をいまに伝えるフランスのヴェルサイユ宮殿を見たことがあります。

宮殿の内部は目もくらむばかりのゴージャスさ。天井からはきらめくシャンデリアが数えきれないほど下がり、壁面は重厚なタペストリーで覆われています。家具調度《ちょうど》も絢爛《けんらん》豪華……。どこもかしこも一部の隙《すき》もなく飾り立てられ、ただただ圧倒されました。

北京の紫禁《しきん》城も過剰なほどの装飾で埋め尽くされていますし、韓国の王朝ドラマからも城内が華やかに飾り立てられていた様子が窺《うかが》えます。

これに比べて、日本の御所や城は簡素で素っ気ないくらいです。天皇や城主の権勢を示しているのは、格天井《ごうてんじょう》や金泥《きんでい》などで描かれた襖《ふすま》絵ぐらい。謁見《えっけん》の座も配下の者の位置より一段高くなっているだけで、家具調度もほとんど置かれていません。

これは日本が貧しい国だったからでしょうか？

いえ、ヴェルサイユ宮殿や紫禁城との違いは富の差ではなく、**日本人は本来、欲を膨《ふく》らませたり、富をひけらかすのは卑《いや》しいことだと考える精神性を持っていたからだ——**。私はそう考えています。

それは、太閤《たいこう》・秀吉が純金の茶室を造ったときの、千利休《せんのりきゅう》をはじめとする周囲の冷ややかな蔑視《べっし》を込めたまなざしにも窺えると思います。

古来、日本人は、モノのないすっきりとした空間のほうが、むしろ豊かなイマジネーションを羽ばたかせることを知っていたのです。正面に松を描いただけの能《のう》舞台など、その象徴と言えるでしょう。

観客はこの松だけの舞台に、あるときは深山幽谷《しんざんゆうこく》を、あるときは大海原《おおうなばら》をと、千変万化の自然をイメージし、森羅万象《しんらばんしょう》に通じる世界に心を遊ばせるという高度な精神世界を楽しんでいたわけです。

その日本人がいったいいつ頃から、ものを所有することにこだわり、あふれるほどのものに埋もれた暮らしをよしとするようになってしまったのでしょうか。

現代の私たちにとって、仕事上の義理や世間付き合いのしがらみから解放される老いの日は、不要なものを整理して、身の周りをすっきり整えて、簡素であることの歓《よろこ》びを取り戻す絶好の機会だと思います。

必要なものだけがある暮らし。あるいは、あるものだけで満ち足りる暮らし。年長の人間がそうした暮らしを取り戻せば、そこを訪れる子どもや孫など次世代にも浸透していき、日本人が長く伝えてきた精神性豊かな、簡素な暮らしの心地よさを伝えていくことができるのではないでしょうか。

社会が高齢者に求めているのは、日本文化の真の精神性を継承し、後の世代に伝えていく「中継役」だと思うのです。

「どんなに財があっても、欲が多ければ貧しい」

幅二二メートル、奥行き一〇メートルほどの敷地に、白砂を一面に敷き詰め、一五の石を置いただけの庭。石にむしたコケの緑だけが色彩らしい色彩で、あとは白砂につけられた箒目《ほうき》だけがわずかな動きを感じさせる……。

世界的にも名高い、龍安寺《りょうあんじ》の石庭です。日本の簡素美を象徴する庭だということもできるでしょう。この庭の前にたたずむと、美しさを感じるのに花も要らなければ、木々の茂《しげ》りも必要ないことが心にひたひたと迫ってきます。

この庭で心を洗い、さらに歩を進めれば、茶室蔵六庵《ぞうろくあん》の路地に、もう一つの日本人の精神性を象徴する「知足《ちそく》の蹲踞《つくばい》」が据えられています。蹲踞とは、茶室の前に据えられた手水鉢《ちょうずばち》のことで、ここで手や口を清めてから茶室に入るのが作法です。

ここの蹲踞は時計回りに上から一見、「五」「隹」「疋」「矢」と読める字が彫《ほ》り込まれており、手や口を清める中央の四角い大きな掘り込みを「口」という「へん」や「つくり」に見立てて、「吾唯足知（吾唯《われただ》足るを知る）」と読むのです。

この「足るを知る」という精神は、仏教の教えの真髄だといっても過言ではありません。

釈迦《しゃか》はさらに、「足ることを知る者は、貧しくても実は豊かであり、どんなに財があっても、欲が多ければその人は貧しい」と言っています。

私たちが老いに向かうといっても、ある日いきなり老いていくわけではなく、それまで暮らしてきた住まいもあれば、暮らしの道具もある。衣食住のうち食はその都度求めなければならないでしょうが、衣や住は、いまあるもので十分足りているはずです。

いまあるもので「我慢する」のではなく、いまあるもので「充足する」。その切り換えができるかどうかが大切です。

すなわち、老後を豊かなものにできるかどうかは、**年金の額や資産の多少などよりも、その切り換えができるかどうかにかかっているといえるでしょう。**

「あれも欲しい、これも欲しい」という思いにとらわれているかぎり、永遠に充足は訪れません。

「もったいない精神」の本質——対象へのリスペクト

最近、何かにつけて「もったいない」と思うことが増えてきました。

「もったいない」と言いながら、ふと、「もったいない」はひと昔前の、私の祖父母世代などが本当によく口にしていた言葉だったと思い出すのです。この世代は実につつましく、簡素に暮らしていたものだとしみじみ感じます。

しかも、つつましく簡素な暮らしでありながら、みすぼらしさなどみじんもなく、背筋はシャンと伸び、暮らしのすみずみまで清々《すがすが》しい品位といおうか、高潔さに満ちていたことも思い出されます。

その品位、高潔な気持ちの張《は》りの底流にあったのが、「もったいない」精神ではなかったでしょうか。

老いていままでの「消費モード」から「節約モード」へ切り換えるといっても、別にみみっちく貧相な暮らしに変わるわけではありません。これから目指すのは過剰やムダをそぎ落としていく暮らし――。**より具体的にいうならば、「もったいない」という気持ちを取り戻していく暮らしなのです。**

「もったいない」は元来、仏教用語です。「勿体《もったい》」はものの本質を示し、森羅万象が持つ本質に対して、感謝や慈《いつく》しみをもって接する深い思いを示しています。

「もったいないお言葉」とか、身に余る光栄などを「私にはもったいないのうございます」と言うことがあるように、深い感慨《かんがい》を「もったいない」と表現することもあります。

その底流には、対象へのリスペクトが含まれているのです。

だから「もったいない精神」に徹したムダのない暮らしは、節約第一の、ものを最後まで大事にする暮らしに見えても、実に清々しく、高潔ささえ漂い、間違っても貧相になどならないのでしょう。

老いたら「ものの命をまっとうさせる」姿勢を大事に

最近の若い世代は何でもすぐに買ってきて、ちょっと古くなれば無造作に捨てる暮らしが当然のようです。

たとえば雑巾《ぞうきん》――。私の母の時代には、雑巾は古タオルを使うのが当たり前で、四つ折りぐらいにたたんだものを縫《ぬ》って使ったものでした。バスタオルならば、雑巾にする前に周りを縫いとめて、お風呂の後の「足拭《ふ》きマット」などに使い、その後、雑巾になるという具合です。

その雑巾がさらに使い込まれ、ボロになると自転車を磨いたり、玄関のたたきを拭き掃除するなど「最後のおツトメ」をして、ようやく捨てることになるわけです。

いまは雑巾でも、足拭きマットでも、ホームセンターなどで安く買える時代です。雑巾ならコンビニや一〇〇円ショップで、簡単に新品が手に入ります。わざわざ古タオルで雑巾をつくるなんて、切ったり縫ったりの手間をかけるだけで「時間のムダ。ばかばかしい――」。たいていの人は、こう言ってのけるかもしれませんね。

でも、老いの暮らしでは時間がたっぷりあります。古タオルにこだわるわけではありませんが、**ちょっとした手間をかけても、「ものを使いきる」「ものの命をまっとうさせる」という姿勢はぜひ大事にしたいと思います。**

イギリスには「old as new」という考え方があります。「古いけれど、新しい」という意味で、古いものは使いようによって新しい生命を持つと考え、むやみに新しいものに飛びつく精神を嫌います。

最近は、会社などでも裏紙にコピーをするところが普通になってきています。名刺の紙に、わざわざ「再生紙利用」と書いてあるものもあります。

家庭でも、チラシの裏が白かったら簡単に切り揃えてメモ用紙に使うのは、ケチでもみみっちいことでもありません。むしろ、ものの命をまっとうさせる「もったいない精神からなのよ」と胸を張るべきでしょう。

ノーベル平和賞を受賞した環境運動家のワンガリ・マータイさんが二〇〇五年の来日の際、「MOTTAINAI」という日本語に出会って感銘《かんめい》を受けたのも、自然や生命に対するリスペクトが含まれているからだったといわれます。

マータイさんが展開した「環境3R運動」の3Rとは、「Reduce（ゴミ削減）」「Reuse（再利用）」「Recycle（再資源化）」のこと。

マータイさんはここに「もったいない」という日本語に含まれる「Respect」のニュアンスも加え（3R＋R）、かけがえのない地球資源に対する尊敬と感謝の念を込めて「MOTTAINAI」と叫ぼうと呼びかけたのです。

マータイさんは七十歳を目前にして永眠されましたが、その精神をさらに広め伝えていくのは、マータイさんと同じ時代を生き、「もったいない」という言葉が生まれたふるさとでもある、私たち日本人が担うべき役割ではないかと思っています。

年金暮らしのお金の使い方も「選択と集中」

年金暮らしになっても、毎日の食べるものや光熱費、健康保険料や介護保険料に「シルバー割引」はないので、これらを差し引くと、たいていの人は「老後の人生をエンジョイする資金」はそう潤沢《じゅんたく》ではないでしょう。

資金が潤沢でない場合はどうするか？　企業経営ではよく「選択と集中」という言葉を使うそうです。あれもこれもと手を広げるのではなく、特定の領域に目標を絞り込み、そこに資金や人材などを集中的に投入する経営戦略です。

この「選択と集中」の考え方は、私たちの「年金生活」にも採り入れるといいのではないでしょうか。

以前、中学時代の先輩と久しぶりに一杯やったとき、彼も同じようなことを話していました。先輩は男二人、女二人の四人きょうだい。みな平均的なサラリーマンや公務員の家庭で、ごく平均的な年金暮らしを送っているそうですが、それでいて「暮らしぶりが、それぞれ全然違うんだよ」と笑うのです。

いちばん年長の姉夫婦は「食い道楽《どうらく》」。年中、あちこち食べ歩きに行ったり、全国からおいしいものを取り寄せては、訪ねてくる子どもや孫といっしょに食べているのだそうです。

次の長男夫婦は「海外旅行マニア」。ある旅行会社の「旅のアウトレット」のチラシをまめにチェックしては、「え、そんなに安く行けたの？」というようなリーズナブルな費用であちこち海外に出かけているそうです。

ちなみに「旅のアウトレット」とは、催行《さいこう》決定となったツアーに残席がある場合、直前になって格安で残席を売り出す情報満載のチラシなのだとか。「会社に縛られているわけではないし、出発日が迫っていても、すぐに参加できるのが定年退職者の特権だよ」とのこと。

三番目の姉は「家」に凝り、センスのいいインテリアを調《ととの》えたり、ガーデニングにひたすらお金と時間を捧げて、楽しそうに暮らしているそうです。

末弟である先輩は「芝居やオペラ公演」などには惜しげもなくお金を使い、毎年とまではいかないようですが、四国の金毘羅《こんぴら》歌舞伎などにも遠路出かけて楽しんでいるといいます。

「そのかわり……」と先輩の言葉は続きます。彼流に言えば、ふだんの暮らしは「粗衣粗食《そいそしょく》」主義だそうです。食べるもの、着るものは贅沢しない……。粗衣粗食を言葉どおりに受け止めると、耐乏《たいぼう》生活を送っているような印象になりますが、老後に食べるものは簡素なくらいのほうがむしろ健康的ですし、改まった外出の機会が減るので、着るものにかけるお金も自然に少なくなってきます。

「粗衣粗食」は、自然な老後生活のあり方といえるかもしれません。

このきょうだいの例のように、**老後は一般的に収入は減るものの、自分の好きなことにある程度のお金を使い、それで気持ちが満たされれば、ふだんは「粗衣粗食」でも精神的に貧しくなることはないでしょう。**

私自身も小遣いは「選択と集中」でやりくりしています。私の場合、重点的に使うのは書籍代です。一日に何冊も買ってしまうことがよくあり、小遣いは本代だけでなくなりそう――。でも、本を読んでいると、財布が軽くなったことがまったく気にならないのです。

「選択と集中」。ビジネスマン時代に培《つちか》ったノウハウやものの考え方は、老後の暮らしにもちゃんと役立つものなのですね。

「節約は楽しい！」

——足りなくなったら買いに行くから卒業

日々の生活に枯渇《こかつ》感を覚えるどころか、「できるだけお金を使わない暮らし」をゲーム感覚で楽しんでいる「節約の達人」もいます。

Hさんはしばらく前まで、六本木に事務所を構え、さっそうと仕事をしていたイラストレーター。おしゃれでかわいいイラストは、けっこう人気が高かったのです。ところが五十代半ばであっさり引退を宣言すると、岐阜の農村に住みついてしまいました。

彼女は東京生まれの東京育ち。岐阜には縁《えん》もゆかりもありません。仕事でこの地を訪れたとき、朝靄《あさもや》に煙《けむ》る光景が神々しく見えたことに感動すると、その一年後には身辺をすっかり整理し、ネコ一匹を抱き、自分で車を運転して引越しました。運転免許も、田舎暮らしを決意してから取得したというから天晴《あっぱ》れです。

ところが、です。憧れの田舎暮らしだったものの、最初のうちは驚きと困惑の連続だったといいます。これまでは「何か欲しい、何かが足りない」と思えば、二十四時間営業のスーパーなどに行ってすぐ手に入ったもの。

でも岐阜の引越し先は、いちばん近いコンビニまででも車を使って出かけなければならなかったのです。

ところが、彼女はそんな「不便な暮らし」を楽しいものに変えてしまい、いまでは「足りないものがあったら、手元にあるもので工夫する」ことに徹しているとあっけらかんと笑います。

「この間なんかね。サインペンを使い切って書けなくなっちゃったの。東京時代はすぐに一〇〇円ショップかコンビニに駆け込んだものよ。でも、ここではサインペン一本のために車で出かけるのはちょっと億劫《おっくう》だし」

そこで彼女は、ワインのコルク栓《せん》の先をちょっと燃やし、そのススをサインペンの先につけて書き、その場をしのいだそうです。

「ちょっとオーバーだけど、やったぁ！　という気持ちになるものなのね。それ以来、何でもかんでも切れたらすぐに新しいものを買いに行くのではなく、ほかのもので間に合わせることができないかしら、と考えるようにしているの」

こうした工夫する暮らしは、ちょっとした「知的ゲーム感覚」でとても楽しいし、「ボケ防止には最高よ」と明るい笑い声が電話の向こうで弾《はじ》けます。

都会暮らしの現役時代を卒業し、老いを迎える人生のステージに入った彼女は「出費を抑え、あるもので工夫しながら暮らす」のは老後の正しい姿勢だと言いきります。

六本木時代は、有名店のお菓子などを送ってくれたものですが、最近は「近くの農家で豆を分けてもらったのでストーブでじっくり煮ました」と、豆料理や自家製のフキ味噌などを送ってくれます。

その懐かしい味わいからは、彼女の正しい老後の姿勢がじんわりと伝わってくるようです。

「節約は美しい!」
——新たな文化や伝統工芸の世界が生まれた

何度目かの診察で親しくなった患者さんが手にしているバッグが見慣れない布地だったので、つい「どこの織物《おりもの》ですか? 何ともいえない微妙な色合いで素晴らしいものですね」と話しかけてしまったことがあります。

返ってきたのは「これ、裂《さ》き織りなんですよ」という言葉でした。

裂き織りというのは江戸時代の頃、主に東北で発達したものだそうです。温かな木綿《もめん》は東北の冬にはいちばん。でも当時、東北では木綿の栽培ができなかったため、木綿は関西から仕入れてきたものでした。庶民には手が出ない高値がついていたのも仕方ありません。

そこで庶民は、古着か端切《はぎ》れを買って縫い合わせた着物をつくり、古くなると布団《ふとん》地にしました。もちろん破れ目には継《つ》ぎを当てて使い続け、もうこれ以上は使えないとなると、縫い目をほどいて端切れに戻し、それを細く裂いて再び布を織ったのです。

このとき、使い古しの木綿だけでは弱いので安価な麻《あさ》糸を経糸《たていと》にし、端切れを裂いたものは緯糸《よこいと》にするなどの工夫が凝らされたそうです。

患者さんが手にしていた裂き織りは、お母さんが残した着物のうち、普段に着ていたものを裂いて、ご自身で手織りされたものだとか。数枚の着物地を裂いたものを混ぜて織ってあるため、思いがけない複雑な色合いに仕上がり、ご自身もとても気に入っていると微笑《ほほえ》んでおられました。

東北には、ほかにも「こぎん刺《さ》し」（青森県津軽地方）や「刺《さ》し子《こ》」など、すばらしい伝統工芸が伝えられています。

こぎん刺しも刺し子も、きっかけは保温性を高めるためや、布の補強であったものが、同じ刺すなら美しい文様《もんよう》を描き出そうと進化していき、現在では多数の作品が国の重要有形民俗文化財に指定されているほど、高度なレベルに到達したものが生み出されるまでになっています。

趣味として多くの人に楽しまれているパッチワークも、発祥はアメリカの西部開拓時代の、もののなさを補う知恵から生まれたものだと聞いたことがあります。何もかも不足だらけだった開拓地では、小さな端切れも大切なものでした。開拓団の女たちは男たちが牛追いに行っている間、端切れや余り布を持ちよって、みなでおしゃべりを楽しみながら縫い合わせて布団代わりに使ったそうです。温かさを増すために、古い時代のパッチワークの中には鳥の羽や動物の毛に交《ま》じって、木の葉や枯れ草が縫い込まれていることもあるのだそうです。

質素倹約に努め、手元にあるものをとことん大事に使いきるという考え方の中にもできる限り美を求め、よりいっそう美を高めていく——。そうした姿勢から思いもかけなかった、新たな美の世界が拓《ひら》けることもあるのですね。
人間の持つ素晴らしい可能性に、深く心打たれます。

「捨」とは、欲望をどんどん整理していく生き方

若い頃、私はいろいろな事情からしょっちゅう引越しを繰り返していました。結婚二十年の間に九回もです。

単純計算でいえば、一ヵ所に平均二年ちょっとしか定住していないことになり、我ながら呆れてしまいます。

それなのに、引越しのたびに思うことは毎回同じ――。いよいよ荷物を運び出す段階になると、よくもこんなにたくさんの荷物がこの家に収まっていたものだと、また呆れるのです。

引越しを繰り返していた時期、つまり一ヵ所にあまり長く住んでいなかった頃でも、なぜか荷物は自己増殖でもしたかのように増え続けました。もちろん、家財道具や本などが自然に増えるわけはないので、どれもこれも、私か家の人間が

持ち込んだものです。

といっても、私はもともと、ものには執着しないタチです。

家内も女性としてはあっさりしすぎているくらい、何かを欲しがるタイプではありませんし、子どもも親に似たのか、幼い頃から「あれ欲しい」「これ買って」とめったに口にしない……。そんな家でも、ものはどんどん増えていってしまうのです。

そして約二十年前、現在の住まいを手に入れ、「もう引越しはしないぞ。ここに定住するんだ」と決めたのですが、**同時に「もうものは増やさない」こと、つまり「以後は、必要最小限度しかものは買わない。何かを買ったら、それと交換に何かを捨てる」と固く心に誓いました。**

そうしなければ、これまでと同じようにものが「自己増殖」し始めてしまい、せっかくの新しい家も占拠されてしまうと思ったのです。

ところが新しいものを買わないことも徹底できなければ、買ったと同時に何かを捨てることも口ほどには実行できないまま、何となく年月を重ねてきてしまいました。その結果は、言うまでもないでしょう。

こうして行き着いた先が、仏教を学ぶことでした。前々から「生・老・病・死」など人が生きることの実相をより深く学びたいという思いを持っていましたが、そのうえに仏教を学べば、ものにこだわらなくなり、「捨」の精神を身につけられるのではないかという期待があったのです。

二〇一二年四月、私は高野山《こうやさん》大学大学院に籍を置く学生になり、仕事の合間を縫っては仏教書を読みふけり、小論文にまとめる日々を送るようになりました。

仏教を学ぶにつれて少しずつですが、仏教の真髄は宗教を超えて「捨」ということを教える哲学といえるのではないか、と気づくようになっています。

なかでも、鎌倉時代の僧・一遍上人《いっぺんしょうにん》は「捨聖《すてひじり》」の別名で呼ばれることがあるほど、徹底して「捨」を説いたことで知られます。

一遍上人は「ものを捨てよ」という次元を超えて、「知恵をも愚痴《ぐち》をも捨て、善悪の境界をも捨て、貴賤高下《きせんこうげ》の道理をも捨て、地獄をおそるる心をも捨て、極楽を願う心をも捨て、また、諸宗の悟りをも捨て、一切の事を捨てて……」ということを説かれましたが、この教えを仏教詩人・坂村真民《しんみん》は『捨ての一手』の詩で、もう少し分かりやすくまとめています。

「天才でない者は
捨ての一手で
生きていけばよい
雑事を捨てろ
雑念を捨てろ」

真民には「軽くなろう、軽くなろう、軽くなろう、重いものはみんな捨てて、軽くなろう……」という『軽くなろう』の詩もあります。

身辺の要らないものを、どんどん「捨てて」身軽になって生きることは、実は精神的にも「軽くなる」ことに通じるものです。

人生の半ばを過ぎたら——。大まけにまけて、人生の秋に足を踏み入れたら、本当に必要なものだけで充たされて生きる姿勢が確立するのを目指す必要があるでしょう。

不必要なものは言うまでもなく、もしかしたら必要なことがあるかもしれないというようなものでも、潔《いさぎよ》くどんどん手離していくことをお勧めします。

「捨」とは、欲望を整理していく生き方です。

必要がないものまで持っていなければ落ち着かない。そんな感覚から卒業して、少ないもので充足感を得ることができる、そんな精神性を確立することだともいえるでしょう。

所有欲、物欲から解放されると身心がすっきり軽くなり、大げさでなく、呼吸さえ楽になる実感があります。

両手を空にして、思いきり深く息を吐き、そして吸う。それができれば、楽に生きていけるようになっていきます。

時計を見なくてもいい暮らし
——「閑」の時間を持つ

「お忙しい日々をお過ごしのことと存じます」とか、「お忙しいところ、すみません」などという言葉が挨拶《あいさつ》の枕詞《まくらことば》になっているのは、日本くらいではないでしょうか。

少なくとも海外の友人や知人から、のっけから「お忙しいでしょうが……」と話しかけられたことはありません。忙しく生きるか、それともプライベートな時間を確保しながら仕事をしていくのか――。それは個人の生き方の選択だという視点を持っているからだと思いますが、最初の挨拶でそこまで踏み込んではこないのが普通です。

いや……。私の知り合いから伝わってくる感覚でいえば、「忙しいのは大いに結構。でも、プライベートライフを楽しむ時間を返上してまで仕事をするなんて理解に苦しむ」という空気があります。

私も今はまだ実現できていないのですが、あと数年もしたら、仕事に「忙殺《ぼうさつ》」されるような生き方から「足を洗いたい」と願っており、ひそかにそんな日を夢見ることも実際にあるくらいです。

そもそも「忙しい」という言葉に込められている思い。これも、ひたすら物質的な繁栄を望む気持ちではないでしょうか。「忙しい→繁盛している→儲かる」。そんな図式が見えるような気がしてなりません。

「多忙＝繁盛」のイメージは、実は考え違いもいいところ。昔から、せかせかと忙しげに落ち着きなく動き回るような人は「貧乏症」と呼ばれていました。つまり、小者で、心も、そして懐《ふところ》具合も貧しい印象がつきものなのです。

「好きでこんなに忙しい毎日を送っているわけじゃないさ」という声も聞こえてくるような気がします。実は私自身も、超多忙な毎日に追われていると、時にはそんなふうに愚痴を言いたくなることがないわけではありません。だからこそ、現役を退いたら閑居《かんきょ》したいという夢を描いているのです。

私がイメージする閑居とは、端的にいえば「時計を見なくてもいい暮らし」です。手帳を見ても、その日にやらなければならないことは特になし。そんな日が週に二、三日は欲しいところ――。

時計がなければ、空の色を見て「ああ、そろそろ夕暮れかな」と時の移ろいを知り、書きものの手をちょっと止めて、ぶらりと散歩に出かけたりするのです。時には散歩の足を延ばして、そのまま地元の居酒屋に入り、軽く飲む。帰宅してから興《きょう》がのれば、また書斎にこもって夜が更けるのを忘れて読書三昧……。

もうあくせくしなくてもいい老後になっても、やたらと予定を入れ、自分のスケジュールを埋め尽くさないと不安になる人がいます。

この年齢まで生きてきたのですから、いつまでもそんなことをする必要はありません。**泰然自若《たいぜんじじゃく》と構え、真っ白なカレンダーや手帳をものともせず、閑居の**

日々を自分の好きに楽しむ。特別な予定がなくても、ゆったり心地よく時間を過ごす。それでこそ心豊かな日々を送っているといえるのではないか。私は時間との付き合い方をそのように考えています。

音のない「静かな時間」を過ごす歓び

「閑」という字といちばん相性のいい字は「静」でしょう。「閑静《かんせい》」というと、ただ静かなだけでなく、清涼《せいりょう》な空気が流れ、どことなく背筋がピンと伸びた姿勢が浮かんできます。

忙しい毎日を過ごしていると同時に、最近の日本の暮らしからは「静寂《せいじゃく》」もなくなってしまったような気がします。家に帰ると同時に、いの一番にとりあえずテレビをつける――。無意識のうちに、そんな行動をとっている人は少なくないはずです。

田舎育ちだったこともあるのでしょうが、私が子どもの頃には、夜は音がないことが普通でした。現在のように、のべつまくなしにテレビがついているということはなかったものです。

時にはテレビやラジオを消して、しばし、音のない空間に自分を置いて静寂を楽しんでみてはどうでしょうか。

朝の小鳥の声に、何種類もの声が交じっていること。季節の進行により、その声も微妙に変化していること。都会でも、カエルの鳴き声が聞こえてくること。うるさいほど鳴くセミの声に日本の夏が感じられること。

そして夏から秋へ、マツムシ、スズムシ、クツワムシと、草むらの演奏会の主役が変わっていくこと……。

ふだんの暮らしの音を消して静寂を取り戻すと、まるでその瞬間を待ってでもいたかのように、周囲にはいろいろな生き物がいて、それぞれ命の営みを繰り広げていることを捉えられるようになるのです。

高野山大学で学ぶようになってから、高野山を訪れることが増えましたが、山の早朝の澄んだ空気や森閑《しんかん》としたたたずまいに触れると、閑静な中にこそ豊穣《ほうじょう》の命の気配が感じられ、命のメッセージを受けたような大きな知恵がふっと授けられる。そんな実感を得ることがあるのです。

テレビを消すと、いいことがもう一つあります。夫婦や家族の間の静かな語らいが戻ってくるのです。

テレビを敵視するつもりは毛頭ありませんが、四六時中テレビをつけているのはやめて、見たい番組があるときだけテレビをつけるようにしてみませんか。

こうするだけで夕食後など、老いた夫婦で言葉は少なくとも、十分心を通わせている――。そんな豊かな時間を取り戻すことができるのです。

第2章

「老いの日」の食生活

「生命の循環」を
見つめ直す

一人の食事でも「いただきます」「ご馳走さま」の心を忘れない

食事の前には「いただきます」、食事が終わった後には「ご馳走《ちそう》さま」と言い、また「いただきます」のときには合掌《がっしょう》をし、「ご馳走さま」のときには軽く頭を下げる……。

現在、老いに向かう世代なら、こうした習慣は自然に身についていると思います。しかし、夫婦二人の食卓、あるいは「ひとり老後」だったりすると、つい、食前食後の挨拶も忘れて「さあ、ご飯にしようか……」とつぶやくぐらい。食後も、黙って立ち上がってはいないでしょうか。

一人暮らしなのだから、あるいは少々くたびれてきた伴侶《はんりょ》がいるだけだから、何も改まってそんな挨拶は必要ないだろう、と思うかもしれません。

でも、「いただきます」「ご馳走さま」は単なる挨拶以上の意味を持っているのです。目の前の食べ物に対する深い感謝や思いが込められた言葉だということを、みなさんはご存じでしょうか。

実は世界を見渡しても、食事の前に合掌するという習慣を持つのは日本人だけのようです。英語では、一家の主や客人を招いた人などが「Let's eat.」（さあ、食べましょう！）と言うぐらい。

フランス語では「Bon Appetit.」。直訳すれば「よい食欲を！」（食欲が盛んでありますように）。つまり「どうぞ、食事を楽しんでください」という意味ですが、これはレストランのギャルソン（給仕《きゅうじ》）などが料理を出したときに使う言葉。本来は、食事をする人は特に決まった挨拶はしないようです。

中国語にも「いただきます」に当たる言葉はなく、ときに「吃吧！」（チィバッ！）と言うことがあるようですが、これは英語の「Let's eat.」と同じで、「さあ、召し上がってください」という言葉に当たるようです。

一方で日本語の「いただきます」には、こうした言葉とは本質的に違った意味合いが持たれています。

私たちが口にする食べ物は、肉や魚は言うまでもありませんが、野菜や果物もみな命ある存在です。その命を「いただいて」自らの生命活動の源《みなもと》にしていく――。それが、動物である人間が生きていくうえでの宿命です。つまり、「いただきます」は、ほかの生命体の命をいただくことに対する心からの感謝の言葉なのです。

キリスト教でもイスラム教でも、食事を与えてくれた神に対する感謝は捧げますが、地球上で展開される食物連鎖に対する感謝を含む「いただきます」とは本質的に異なるでしょう。

「いただきます」という言葉の根底には、生命の営みに対する深い哲学があると私は考えています。

また食後の「ご馳走さま」は、あちこち走り回って今日の食卓を調えてくれたことに対する感謝の言葉――。転じて食卓に並んだものを、ありがたくいただいたことへの感謝の言葉ともいえるでしょう。

仏教精神が流れる日本の食事作法には、はじめから終わりまで「万物に対する感謝の念」がいっぱいに込められています。

ですから食卓に向かうのが、たとえ一人であっても、食事の前には「いただきます」を、食事が終わった後には「ご馳走さま」と口にすることを、おろそかにしないようにすべきです。

こうした感謝の心があれば、たとえ質素な食卓でも「わびしい」と思うようなことはなくなります。それどころか、一回一回の食事を大切に思う気持ちが強くなっていき、ひいては食べること、生きること、こうして命を長らえていることへの思いも深まっていくでしょう。

家族が減ったら、鍋やフライパンのサイズを見直す

食事には「腹八分目」を心がける。これは成長期を除けば、年代を問わず、健康の鉄則ですね。

厚生労働省の「年齢階層別基礎代謝《たいしゃ》基準値と基礎代謝量（平均値）」を見ると、五十〜六十九歳の基礎代謝量は男性で一四〇〇キロカロリー、女性で一一〇〇キロカロリー。七十歳以上になると男性で一二九〇キロカロリー、女性で一〇二〇キロカロリー。ちなみに三十〜四十九歳では男性で一五三〇キロカロリー、女性で一一五〇キロカロリーです。

「若い頃のように食べられなくなった」というのは、基礎代謝量の低下にともな

い、体が自然に働かせる調節機能の結果といえるでしょう。

そのうえ運動量も減ってくるのですから、老いの兆《きざ》しを感じる年代になったら「腹七分目」、さらには「腹六分目」くらいで十分になっても自然ではないでしょうか。それなのに、年齢を重ねても食事量はそう減っていない人が多いのも実情のようです。

その大きな理由の一つは、これまでの習慣から、つい、おかずや味噌汁などを作りすぎてしまうことでしょう。作ってしまったものは「ちょっと多いかな」と思っても、残すのはもったいないし、と全部盛り付けて食卓に出す。目の前にあれば、つい一箸《はし》、もう一箸と余分に食べてしまうことになります。

その結果、高齢者にとっては腹六分目どころか、腹一〇分、腹一二分になってしまったりするのです。

地域の高齢者の家を回って患者さんのお世話をしている訪問看護師の話によると、高齢者のお宅はどこの家でも、たいてい大きなお鍋《なべ》が置いてあるそうです。無理もありません。以前は育ち盛りの子どもが何人もいて、家族が多かったのです。もう一世代上のおじいちゃん、おばあちゃんもいたかもしれません。

家族が多いベテランの主婦ほど、いちいち分量を計ったりせず、長年の経験で身につけた目分量、手分量などで調理するでしょう。鍋が大きいと目分量、手分量も自然と多めになり、その結果、二人、あるいは一人にしては作り過ぎになりがちです。

家族が減ったら、少し寂しい気がするかもしれませんが、小さいサイズの鍋やフライパンにきちんと買い替えるほうがいいのは、こうした意味からです。大きな鍋は子どもの家族などが遊びに来るときなどに備えて一、二個残し、あとは潔く処分してしまいましょう。

年をとったら、味噌汁などを作るときにも、面倒くさがらずに人数分を計って作るように習慣づけたいものです。「多めに作って温め直して飲めばいい」と言う人もいるかもしれませんが、味噌汁は温め直せば味が落ちます。捨てるのはもったいないからといって何杯もお代わりすると、塩分の摂り過ぎになり、高齢者の健康にはマイナスになるでしょう。

腹七分、腹六分の食事は、多少手間がかかっても、適量を作って、いちばんおいしいタイミングで味わう習慣を心がけることから生まれるのです。

冷蔵庫はあくまで一時保管場所。貯蔵庫ではない

居住環境にもよりますが、最近はどこの家でも巨大な冷蔵庫が備えてあり、中身もぎっしりと詰まっているようです。

家族は年を取った夫と妻の二人なのに、お昼過ぎになると何となく商店街をぶらりと歩き、スーパーにも立ち寄ってしまいます。帰りの手には、せっかく来たのだからと必ず何かがぶら下がっており、またまた、食品を買い込んでしまったりするわけです。

他人事ながら、さらに増えた冷蔵庫のストック食品はどうするのだろう？　と気になってしまいます。

冷蔵庫に入れておけば二、三日は大丈夫。そんな過信があるのかもしれませんが、基本的には食品は買ってきたときがいちばん鮮度が高く、味もいいのです。「まだ、大丈夫なはず」と思って取り出した食品がカビていた、腐っていたという経験は誰にもあるでしょう。冷蔵庫の中は、意外と腐敗《ふはい》しやすい環境になって

しまっていることが多いのです。

冷蔵庫の中の温度は平均一〜五度くらい。でも扉を開けるたびに冷気が逃げ、同時に温かな空気が入り込みますから、そのたびに、一気に七〜八度まで上がってしまうことも珍しくありません。この温度は雑菌の繁殖が始まる温度でもあります。冷蔵庫に入れておいたのに、想像以上に早く腐っていて驚くのは、たぶん開閉を頻繁にした結果です。

家庭用の冷凍庫の温度は現在、マイナス一八度以下に冷やすことがＪＩＳ（日本工業規格）で定められています。しかし、冷凍庫も扉の開閉によって外気が入り込むと温度が上がってしまいます。

マイナス五〜八度ですと、見た目には魚も肉も凍っています。でも、食材の組織内の氷はすでに解け出していて、それが再冷却されると大きな氷の粒になります。長く冷凍した食品の味が落ちてしまうのは、ほとんどが「冷凍→解け始める→再冷凍」を何度も繰り返したためです。

つまり冷蔵庫も冷凍庫も、基本的には「食べ物や食品を一時的に保管しておくところ」。決して、食品ストッカー（貯蔵庫）ではないのです。そう認識を改めるべきでしょう。

スーパーに行く前には、必ず冷蔵庫や冷凍庫をのぞいて在庫を確認する習慣をつけるといいでしょう。のぞいた結果、「今日はスーパーに行く必要はない」という結論になれば、余計な出費も抑えられます。

ちなみに知人の一人シニアは、冷蔵庫が壊れたのを機に、それまでの約半分の容量の約三〇〇リットルのものに買い替えてしまいました。買うときは「これまでの半分サイズか。ちょっと小さかったかな」と思ったそうですが、実際に使ってみると、これで十分だったそうです。

以前のように、冷蔵庫の隅《すみ》からカラカラに乾いた食べ物が出てきて驚くこともなくなり、非常に快適だと得意そうな顔をしています。

「冷蔵庫空っぽデー」の手料理で弾んだ夫婦の会話

「今日の夕食は何だろう？　今日は『冷蔵庫空っぽデー』だから楽しみなんだ」

子どもさんが独立して二人暮らしになった先輩がそんな言葉をもらしたので、

つい「冷蔵庫空っぽデーだと何が楽しみなんですか？」と聞いてしまいました。

先輩の答えは、なかなかうがったものでした。

先輩の奥さんはご主人思いで、毎日家を出るときに「今日は何がいい？」と尋ねるのだそうです。そこで「そうだなあ、今日はカレーの気分だな」とか、「煮魚《ざかな》がいいな」などと返事をすると、夕食には希望どおりの献立《こんだて》が並んでいる……。

話を聞いているだけでも羨《うらや》ましくなるくらいで、先輩もこれまで、それで何の不満もなかったといいます。

ところが最近はときどき、希望を聞かれることがなかったり、希望したものと違った料理が並んでいることがあるのだそうです。理由を聞いてみたところ、

「子どもたちが出ていってから、どうしても使いきれない食材が出てきてしまうの。冷凍したまま、忘れてしまうものもあるし。そこで、ときどきお掃除がてら冷蔵庫のものを全部出してみて、その日はあるものだけでできる献立にしようと思うようになって……」

実はこの「在庫一掃」料理が、意外なものが出てきて、なかなかおいしいのだ

そうです。

前回の「冷蔵庫空っぽデー」の夕食はパエリア。といっても、サフランで風味をつけるというような本格的なものではなく、残りご飯をオリーブ油で炒《いた》め、そこに野菜室の野菜と冷凍庫にあった「シーフードミックス」を加えてもうひと炒め。最後にオーブンで焼き、ご飯をカリッと仕上げたもの。これに残り野菜を使ったサラダも添えられていて、なかなかの満足度だったとか。

こんな具合に、冷蔵庫空っぽデーは、今日はいったいどんな料理が待っているのだろうと、ワクワクするくらい楽しみなのだそうです。

冷蔵庫空っぽデーには、買い物に行かない――。

先輩の奥さんは、これを絶対のルールにしているそうです。すると、あるものだけで何ができるか、足りないものは何を代わりにするか、知恵を働かせることになり、頭の運動にもなるといいます。

「でも、いちばんよかったのは、食卓で夫婦の会話が増えたことかな」

奥さん思いで知られる先輩から、思いがけない発言も飛び出します。

実は、子どもが独立してしまうと夫婦の会話は驚くくらい減ってしまい、食卓でも「そのしょうゆ、取ってくれ」とか、「あなた、お代わりは？」くらいだったとか。

ところが冷蔵庫空っぽデーは、奥さんはパエリアのときのように、ありものを工夫しただけでいかにこれだけの料理を作ったのか、誰かに話したくてウズウズしていて、それをきっかけに夫婦の会話が大いに弾むようになったのです。

先日は「吸い物に入れるハンペンがあるといいな」と思ったそうですが、その日は買い物には行かない決まりです。自分で作ったルールだから、自分で破るわけにはいきません。

「だから今日は、お愛想《あいそ》なしのお吸い物でごめんなさいね」

奥さんがそう話したので、先輩はふっと思いつき、常備品のビン詰《づめ》のサケのフレークに小麦粉をちょっと混ぜて固めれば、きれいな「椀だね」になるんじゃないかと提案すると、奥さんは「なるほどね。ビン詰を使うことはちょっと考えつかなかったわ。今度、やってみるわね」とさっそく乗ってきたそうです。

もちろん冷蔵庫だけでなく、冷凍庫空っぽデーにチャレンジしてみてもいいかもしれません。**冷蔵庫や冷凍庫の食品を全部取り出して点検すると同時に、きれ**

いな布などで、庫内をすみずみまで拭けば清潔度もアップ。

食品のムダも一掃できて、一石二鳥です。

ひとり老後なら、野菜は割高でも「一個買い」に

夫婦二人の老後はともかく、「ひとり老後」の生活では、何個か袋入りになっている野菜は持て余すことが多いのではないでしょうか。

病院には一人暮らしの看護師も多いのですが、彼女たちはほとんど例外なく、暮らしの達人です。けれども、シフト勤務なので時間的に不規則。買い置きの野菜などをつい使い残し、無駄に捨てざるをえないことも多いそうです。ところが、Ｊさんは「私は野菜を捨てることはめったにないわ」と得意顔です。

彼女の話を聞いて、なるほどと思ったことがあります。

それはネギやダイコン、さらにジャガイモ、タマネギ、ナスやキュウリなどは「常備しておくもの」という発想をやめてしまったことでした。

家の近くでスーパーが夜中までやっているという事情もあるでしょうが、彼女

はこうした買い置きができる野菜も「必要なときに必要な量だけ買う」と考えているようです。

ジャガイモやタマネギ、キュウリなどは、何個か入っている袋入りのほうが割安の場合が多いものです。でもその差はわずかですし、袋入りを買っても一度に使いきれなければ、冷蔵庫の野菜室に置いてもどんどん鮮度が落ちてきます。

ジャガイモは二、三週間もすると芽が出てくるもの。ご承知のように、この芽にはソラニンという成分が含まれており、神経に作用する毒性があります。芽をすっかりえぐり取ってしまえば問題ありませんが、一度に使いきる量を買うようにすれば、そんな心配も手間もいらなくなるわけです。

少人数の家庭が増えているからでしょう。大きなスーパーならたいてい、こうした野菜を袋入りではなく、一個から売るコーナーがあります。一〇〇円コンビニなどで売っている野菜も、少量パックで一人暮らしにはほどよい分量ではないでしょうか。

ショウガやダイコンなどは、使いきれないなと思ったら、最初にすりおろしてしまい、一回に使う量ずつ小分けにしてラップで包み、ファスナー付きポリ袋などに入れて冷凍しておけばいいそうです。うどんやそば、湯豆腐など薬味《やくみ》が欲しいときに取り出せば、すぐに使えて「とっても便利です」と、これは彼女の受け売りです。

たまに無性に欲しくなるトロロも買ってすぐにおろし、一回分ずつポリ袋に入れて冷凍しておくと、いつでも欲しいときに食べられるとか。

なるほど、こんなふうに知恵を働かせれば、少人数の暮らしでも、野菜を捨てることは大きく減らせそうですね。

年金暮らしで外食の「費用対効果」を高めるには？

年齢とともに、食事の支度《したく》が面倒に感じることも増えてくるでしょう。そんなときは「外に食べに行こうか」となりますが、外食は基本的にかなりのコストになりがちです。

孫を連れて三、四人で近くのファミリーレストランで食事をすれば、五〇〇〇円札か一万円札を出し、少しばかりのお釣りをもらうという感じではないでしょうか。

知り合いのDさんは「正月は京都の吉兆《きっちょう》で、白味噌仕立てのお雑煮《ぞうに》を食べるのが楽しみ」とか、「この間、尾花《おばな》に行ったらけっこう空いていたのでびっくり。最近はウナギが品薄でずいぶん値上がりしてたんですね。でも、お味はさすがでした」などと一流のお店の名をよく口にします。ちなみに「尾花」は東京の南千住《せんじゅ》にある、ウナギの老舗《しにせ》です。

どんなお金持ちの人かと思うかもしれませんが、実はDさんはフリーの編集者です。フリーが長いので、もらえる年金は国民年金プラスアルファ。厚生年金の半分にも届かないと話していますから、リッチな暮らしができる収入があるとは考えにくいと思われます。

「私は外食するときは、大満足を得たい場合と、とりあえずお腹がいっぱいになればいい場合の二つに分けているんです。立ち食いそば屋もよく利用しますし、ファストフードもよく食べますよ」と言います。

その代わり、年に二、三回は、少しくらい高くても満足できる外食を楽しんでいるそうです。

といっても「吉兆」はホテル内の出店か、京都の南座《みなみざ》の近くにある「花吉兆《はなきっちょう》」にしか行ったことはないそうで、ここならば嵐山《あらしやま》の本店よりはるかに割安。昼間ならば一万円でお釣りがくる値段で、「吉兆」の味を楽しめると笑っています。

限られた収入で外食を楽しむには、回数を減らしてでも絶対的に満足度の高いところを選ぶ。その間の外食は、安くて味もまあまあのファストフードですませる……。Dさんの外食スタイルの「費用対効果」は相当に高く、なかなか賢明な方法だと感心しています。

小食気味のシニアは、外食で「ドギーバッグ」を活用しよう

外食の話のついでに、レストランなどでどうしても食べきれない場合はどうしたらいいかを考えてみましょう。

前述のように、年齢を重ねてくると体が必要とするカロリーが少なくなるので、若いときほどたくさんは食べられなくなるのが普通です。**基礎代謝量を見て**

も、七十歳以上になると、八〜九歳の子どもとほぼ同じです。

胃腸の働きなど消化能力も落ちてくるので、小食気味のシニアなら「お子様ランチ」ぐらいの分量でも十分という人も少なくないでしょう。

とはいえ、シニア用のメニューを用意しているお店はまだ少数。そこで普通に注文しますが、一般的なメニューは血気盛んな若い男性でもお腹がいっぱいになるように、たっぷり盛り付けられていることが多いものです。

なので、無理して完食にこだわる必要はありません。ほどよくお腹がいっぱいになったら、いえ、普段どおり「腹八分目」あたりで箸を置く習慣は崩さないほうがいいでしょう。

では、器に残った料理は？——その行方《ゆくえ》は大いに気になるところです。

現在、日本では、期限切れや売れ残りの食品、食べ残しなど、本来食べられたはずの、いわゆる「食品ロス」の量が五二三万トン（農林水産省による令和三年度推計）とされています。

世界にはまだまだ、満足に食べられず飢えに泣いている子どもが多くいるのを思うと、食べ残しのまま知らん顔では、申し訳ない気持ちになります。

そういうときには遠慮なく、お店に「持ち帰り用に包んでもらえますか？」と頼んでみましょう。料理の種類や季節によっては持ち帰りにくいケースもあるでしょうが、たいていの場合は「はい、承知いたしました」と気持ちのよい返事が返ってきて、アルミ製のパックなどに入れ、袋も添えてくれるはずです。

ところで欧米では、この外食の持ち帰りのことを「ドギーバッグ」（犬用の袋）と呼びます。これを聞いて「なんて見栄っ張りなんだろう。帰ってから自分たちが食べるのに、わざわざ『犬用に包んでちょうだい』なんて言うなんて」と笑う人がいますが、これは考え違いです。

もし店で出された料理で食あたりしたとすれば、もちろん店の責任で賠償責任が生じます。でも、ドギーバッグで家に持ち帰ってから（調理してから時間がたってしまい）食あたりしたとしても、客は「犬用に」と言って頼んだわけだし、店側も「あくまで犬用に」ということで持ち帰ってもらったものです。

それを人が食べてあたったとしても、当方には責任がありませんよ、という「暗黙の了解」を示す言葉というわけです。

つまり「ドギーバッグ」という真意は、店から持ち帰ったものを食べるか、食べないかはお客の判断――。店から一歩出たところからは自己判断、自己責任ということになる。これが建前であり、暗黙の了解でもある。こんなところにも、自己責任の習慣が貫かれている欧米らしさが窺《うかが》われますね。

残りものは「松花堂弁当」仕立てで、おしゃれに食べる

病院のスタッフの一人に、漆《うるし》塗りの立派なお弁当箱を持ってくる人がいます。三〇センチくらいの縁高《ふちだか》の箱型の入れもので、かぶせ蓋《ぶた》付き。中は十字に区切られています。この弁当は一般に「松花堂《しょうかどう》弁当」というのだそうで、そういえば有名料理店のお昼のメニューなどでも、よくこの名を見かけます。

「すごいご馳走だね。『デパ地下』かどこかで買ってくるの？」と尋ねると、「そうで〜す、と言いたいところだけど、実はこれ、基本は残りものなんです」という意外な答えが返ってきました。

彼女は一人暮らしで、どうしても夜ご飯に食べ残しが出てしまうとか。最初のうちは、それをそのまま、普通の弁当箱に詰めて翌日のお昼に食べていたのです

が、いかにも「残りもの然《ぜん》」として少々わびしかったのだそうです。

あるとき、何気なく近くの骨董《こっとう》屋をのぞいてみたところ、時代色を帯びた松花堂弁当箱が格安で売りに出ていたのですぐに買い、いまでは残りものをそれに入れるようになったというわけです。

松花堂弁当箱のルーツは江戸時代の初期、京都郊外の石清水八幡宮《いわしみずはちまんぐう》の僧だった松花堂昭乗《しょうじょう》が使っていた物入れだそうです。

昭乗は近在の農家で使っていた「田」の字型に区切った物入れに目を留め、これを絵具《えのぐ》入れや、茶会のたばこ盆《ぼん》などに応用したのです。

それから時代は下り、昭和の初め頃、京都の名料亭「吉兆」の創始者が石清水八幡宮を訪れたとき、昭乗遺愛《いあい》の「四つ切箱」を見て心をとらえられます。

「これを料理に使えないものだろうか」とあれこれ思案し、四つ切のブロックの中に器や小皿を入れたり、白木《しらき》の板を敷いたりして、それぞれに煮物や揚げ物、ご飯などを入れれば見た目が引き立つうえに、味が混ざり合うことなく、懐石《かいせき》料理を出先でもおいしく食べられると考えついたのです。

これを松花堂弁当として、昼のサービスメニューに登場させました。さらに仕

出し弁当として提供するとたちまち人気が沸騰《ふっとう》し、今では全国に広がっていま
す。

彼女はこの松花堂弁当をイメージして、前の晩の残りものを各ブロックに入れ、ご飯も型で抜いています。それも、いちょう型、ひょうたん型、花の型、一口大の俵《たわら》型などいろいろあり、抜型は専門店向けの料理用具店などにあるとか。こうして型で抜いたご飯に、ゴマや青みをあしらえば本格的です。

老夫婦だけの世帯で、家で残りものを食べるときにも、こんなひと工夫があったら何だか楽しくなりそうですね。現役時代に比べて時間もたっぷりあります。**残りものを利用するなら、どこかにひと手間かけるか工夫を加えて、残りものという印象をなくしてしまう——**。こうした工夫は、残りものを利用するときの大切な心遣いも教えてくれています。

食が細くなったからこそ「旬のもの」「土地のもの」を食べよう

八百屋や魚屋の店頭を見ていると、季節を感じることがよくあります。たとえ

ばタケノコ。ゆでたタケノコはいつでも食卓にあるようですが、土のついた掘りたてのタケノコは、春たけなわの頃だけに楽しめる味。カツオやサンマが店頭に並ぶと、いかにも旬《しゅん》到来とワクワクします。

食べ物は、できるだけ旬のものを選んで食べたいもの——。年をとってからはなおさらです。**なぜなら野菜であれば、旬のものと季節はずれの野菜では、同じ量を食べたとしても栄養価が大きく違うのです。**ホウレン草を例にとると、旬とそうでないものでは、栄養価は倍以上の差があるそうです。

また、夏場が旬の野菜は、あっさりした食感や体を冷やす作用のあるものが多く、反対に冬の野菜は体を温める効果がある根菜《こんさい》類が多くなるなど、**旬の食材は季節の変化にともない、その季節の体が欲する効果を持っています。**だからこそ体も心も満たされ、おいしいと感じるのでしょう。

これに加えて、それぞれの土地で採れた食材を食べることも大切にしたいと思います。「身土不二《しんどふじ》」という言葉を知っているでしょうか。風土と人間の身体は、分かちがたく結びついているという考え方です。

もとは「身土不二《しんどふに》」という仏教用語ですが、**その土地の自然に適応した旬の食**

べ物を食べることで健康に長く生きられるというわけです。この言葉とともに、その土地、その季節の食材や土地に伝えられる「伝統食」は体によい、という考え方が広まっていったといわれています。

私はドライブに行ったときなど、よく「道の駅」をのぞいて、まだ濡《ぬ》れた土がついているような採れたての地元野菜を買ってくることが多くあります。プーンと青臭さを放つ野菜は味がよいことはいうまでもなく、エネルギッシュでいかにも元気をもらえそうです。

同じ買うなら、できるだけ旬の、採れたて食材にしてください。食が細くなってそんなに量が食べられなくなっているわけですし、栄養価まで考えると、このほうが経済的にもずっとトクなはずです。

「生命の連環」を意識する——米のとぎ汁を草木に与える

知り合いの家を訪れたときのことです。玄関脇《わき》に置かれた鉢植えの植物の葉がつややかに輝いていて、いかにも元気があるのに目を見張り、思わず「どんなお手入れをしているのですか？」と尋ねてみました。

「お米のとぎ汁《じる》や牛乳パックを洗った水をあげるくらい……で、特別なことは何もしていないんですよ」

この奥さんの言葉を聞いて、私は臨済宗《りんざい》に伝わる「折水《せっすい》」という食事の作法を思い出していました。

禅僧《ぜん》の食事は与えられた食器を使い、食後は流しなどで洗うことは（原則的には）ありません。食事には必ず漬け物（たくわん）がつきますが、食事の最後までたくわんを一切れ残しておき、食後、食器に注がれる白湯《さゆ》とたくわんで巧みに食器を洗うのです。洗った後の湯は、二口分くらいを残して折水器という小さな桶《おけ》に移します。折水器に集められた湯は樹木の根本にかけ、食器を洗った栄養分が次の生命を育むために生かされます。

食器に残された二口分のお湯は、自分できれいに飲み干します。ほとんど味もなく、香りもありませんが、かけがえのない生命をいただいたのだと感じながら、最後の一滴まで大切に飲むことで、地球上の生命が織りなす大きな連環《れんかん》を感じ、改めて感謝するのです。

ふだんの暮らしではなかなか実行できないことでしょうが、**この奥さんのように米のとぎ汁や牛乳パックを洗った水などを植物にかけてあげることで、折水の精神を受け継ぐことはできるはずです。**

庭のある家ならば、生ごみをたい肥《ひ》にして植物に与えると、これも大きな意味での生命の連環をつなげることになるでしょう。

肥料代の節約や、ゴミ回収のエネルギーコストの削減にもつながり、今日からすぐに実行できるエコライフにもなるわけです。

大根の葉、根三つ葉……窓際のミニ栽培でいつも新鮮な青みを

数年前にリタイアした看護師さんのところに、元同僚と遊びに行ったときのことです。

現役時代、仕事に追われて、あまり料理をする時間がなく腕に自信がないからと出前の寿司を取ってくれたのですが、熱々の味噌汁はお手製。味噌汁は何といってもできたてに限ります。香《こう》ばしい味噌の香りが心地よく鼻をくすぐる……。

オーバーでなく、日本人に生まれてよかったと思ってしまいます。

手作り味噌汁には、もう一つ感激がありました。見るからに青々とした緑の葉を切ったものが浮かんでいたのです。

「きれいだね。いま、摘《っ》んできたばかりみたいだ」

こう言うと、彼女はうれしそうな顔でキッチンに目をやります。

「そう、たったいま、そこで摘んだのよ」

実は、緑の葉の正体は大根の葉なのです。

彼女は大根を買うと、首の部分を一センチ厚みぐらいに切って皿などに伏せておき、いつも大根が一～二ミリ水に浸かっている程度に水を入れておくのだそうです。こうすると、数日で青々とした新芽が吹き出してくるとか。それをちょっと摘んで、味噌汁の青みなどに使っているそうです。

青みは、ほんの少量あれば十分。いちいち買ってくるほどの量は必要ないのですね。何気なく捨ててしまうような大根から、こんな楽しみが芽生えるなんて、うれしいではありませんか。根三つ葉などを買ったときにも、同じようにできるといいます。

小さいけれど、とても新鮮な感動でした。さらに彼女は教えてくれます。

「これは食べるわけではないんだけれど、サトイモやサツマイモの端《はし》っこを同じように小皿にのせて、水を少量入れておくと、すぐにきれいな芽が伸びてきて、かわいい葉をつけるのよ。これはキッチンのミニグリーンに最適なの」

キッチンの窓辺に、小さなグリーンが置かれている。それだけでキッチンに立つ気分はずいぶん違ってくると、彼女は顔をほころばせます。

こんなふうにものの命を再生し、それをさらに暮らしの彩《いろどり》や小さな喜びへと変えていく――。こうした知恵や工夫こそ、本来、年齢を重ねた者がのちの世代に伝えていくべきものかもしれません。

ついでにもう一つ、大根の葉やフキの葉の料理法を聞いてきたので伝授しましょう。よくスーパーの店頭などで、切られた葉っぱが置かれていますが、大根の葉は貴重なビタミン源です。

さっと洗ってザクザクと切り、油少々で軽く炒めて、しょうゆ、酒を加えて味をからませる……。ここにゴマなど振れば、立派な箸休めの一品ができあがり。フキの葉は特有のえぐみがあってお酒がよく進み、酒好きな人にはお勧めです。

自宅でベジタブルヤードの代わりにハーブを栽培

山梨出身の私が東京に来ていちばんがっかりしたのは、野菜から青臭さを感じないことでした。本来、野菜はちぎったりしていると、ちょっと手が臭くなるくらいの「青い臭い」を放つものです。

海外で暮らしていたとき、いちばん羨ましかったのは中心街を少しはずれると広い庭付きの家が普通で、その庭の一角にはベジタブルヤード（菜園コーナー）が作られていることでした。

彼らは、家族が食べる野菜はちょっとしたものなら自宅で作るのがいちばんと考えているのですね。

自宅で作れば何より新鮮で、トマトなら完熟のものなどが最高の状態で食べられます。無添加無農薬なので安心安全、そのうえ家計の節約にもなるので、三倍お得な暮らし方でしょう。

「わが家で食べる野菜は自宅で作る」というライフスタイルは、日本でも少し前まで当たり前のものでした。裏庭には葉ものやナス、キュウリなどが植えられ、毎朝、食べ頃になったものを味噌汁に浮かべたり、ザクザク切って塩でもんで浅漬けにしたり……。

しかし、都会のマンション暮らしでは、そんなことはできません。ハーブをプランターで育てるだけで我慢しているという人も多いようです。

それでも疲れたとき、特に心が疲れたときに温かなハーブティーの効果は絶大です。

温かな飲み物は心をほっこりさせてくれますし、風邪気味でもハーブティーを飲んで寝ると、翌日はすっかり風邪が吹き飛んでいることもよくあります。

ハーブはスーパーなどで手に入りますが、案外高価です。少量しか使わないので一度では使いきれず、次に使おうとすると乾いてしまったり、しおれて無駄になってしまったという場合が少なくありません。

知人の家では、プランター二つをハーブ専用に使っています。ここにミント、ラベンダー、ローズマリー、レモングラスなどを植えてあるのです。また、イタリアンパセリ、シソも一株ずつ植えてあります。

ハーブなどは春先に苗を植えるだけ。ときどき液肥《えきひ》を与えたり、虫がついたら退治してやるぐらいです。

それだけで春から夏、さらには初秋まで、思いついたときにいつでも新鮮な葉をつまみ取り、使うことができるそうです。

仕事に疲れたときなどは、ミントの葉を数枚ちぎって、ティーカップに入れて熱い湯を注ぐ――。その瞬間、立ち上る香りの清々《すがすが》しいこと。新鮮なハーブならではの楽しみです。

さらに、はちみつを少量入れるとほのかに甘く、小腹《こばら》を満たす効果もあるので間食に手を伸ばすことがなくなり、ダイエット効果も期待できます。スーパーなどで買ってくるよりずっと経済的なことは、言うまでもありませんね。

高齢期の節約生活は、何より「みじめな雰囲気」にならないようにすることが大切ですが、プランターでハーブを作ることは、節約よりもむしろナチュラル、ヘルシー感を与えるほうが高く、命を育てる喜びも堪能《たんのう》でき、それだけで心豊かになるでしょう。

「食品の無駄」を社会からなくす地域貢献活動もある

私がアメリカ生活でとても新鮮だったのは、多くの人が自分ができる社会貢献を、無理なく日常的にしていることでした。

根っこには、教会活動や地域活動の存在もあるでしょう。

実はもう一つ、アメリカ人の心情の柱になっているのは「合理主義」です。自分が要らないものは、誰かそれを必要とする人に役立ててもらおう、そのほうが合理的だと考える傾向があるのです。

もっとも日常的な社会貢献活動の一つが「フードドライブ」(余剰食品の回収)です。家庭にある余分な調味料、缶詰、レトルト食品、インスタント食品、乾物といった保存食品を寄付し、そうして集まった食品は食料を必要としている施設などに届け、生かして使ってもらうという活動です。

フードドライブは一九六〇年代にアリゾナ州フェニックスで始まり、いまでは全米に広がっています。

お中元・お歳暮の習慣が残る日本では、食料品の詰め合わせを贈答することが多く、特に老後になると、せっかくもらっても使いきれないのではないでしょうか。いつかそのうちに、と思っているうちに「賞味期限切れ」になってしまうこともあるでしょう。

そうした無駄をなくすために、日本でももっと同じようなフードドライブ活動が広がるといい――。そう思ったらまず、自分が率先して行動を起こしてみてはいかがでしょうか。

NPO法人（特定非営利活動法人）の「セカンドハーベスト・ジャパン」(https://2hj.org)は、主に食品会社やスーパー、農家、個人などから提供された食品を、生活困窮《こんきゅう》者などに供給する活動をしています。個人はどうすれば活動に参加できるかなど、ホームページから問い合わせてみるのも一案でしょう。また「フードバンクちば」のように、地域の社会福祉協議会が中心となって活動している例もあります。

自分が無理なくできる地域貢献活動をしていくうちに、近隣に新たな知人や友人ができ、社会の役に立っているというささやかな、でも深い満足感を得ることができる。社会という大きな視点に立てば、かなりの節約にもなる……。

余剰食品（食料の偏在）の問題は一つの例ですが、これからの高齢者には、積極的な社会に対する貢献の姿勢が求められる時代になる――。私はそう考えています。

第3章

自分の体との「ほどよい」付き合い方

頑張るところ、養生するところ

赤字が膨らむ一方の健康保険
——使わずにすめばそれがいちばん

自分がもらえる年金額からすると、健康保険や介護保険で支払う保険料はけっこうな金額になるものです。その数字を見て「病院にはしょっちゅう行って、健康保険を使わないとソンだ」とでも考えるのでしょうか、お年寄りだけでなく、最近の日本人はちょっとした不調でも病院に行きたがる傾向が目立ちます。

病院に行けば当然、「検査だ、薬だ」ということになり、「血圧が高め」というくらいの人でも「高血圧症」のような立派な病名がつけられ、ご当人もすっかり病人気分になる……という流れがあるように感じることも少なくありません。

曽野綾子さんのご著書『晩年の美学を求めて』（朝日文庫）によれば、**曽野さんは「六十代半ばまで、健康保険を使わないでいられることを誇りにしていた」そうです**。その後、転んで足を骨折され、健康保険をかなり使ったそうですが、回復された後はふたたび「健康保険を使わないことを小さな目標にしている」と書いておられます。

日本の国民皆《かい》健康保険制度は、実は世界的に見てもナンバーワンではないかと思えるすばらしい制度で、大きな病気にかかっても、高額療養費の払い戻し制度などの活用で、個人的な経済負担はそう大きくはなりません。

しかしその一方で、健康保険自体の赤字は膨らむばかりなのです。厚生労働省は、令和三年度の国民健康保険の実質収支が六七億円の赤字だと発表しています。

令和三年度の国民医療費の総額は四五兆三五九億円で、前年度より二兆六九四億円も増加しています。うち五二パーセントの二三兆円以上が、七十歳以上の高齢者医療費で占められているのが実情です。

世界に誇る国民皆健康保険制度を子どもたちの時代にも存続可能にするためにも、高齢者が健康に留意して、できるだけ健康保険のお世話にならない、病院に行かなくてすむように努めることが大事なのです。

介護保険も同様です。現在、要支援・要介護の人、つまり介護保険サービスを利用している人の割合は六十五〜六十九歳で二・七パーセント、七十〜七十四歳で六・九パーセント、七十五〜七十九歳で一〇・九パーセント、八十〜八十四歳で一九パーセント、八十五歳以上になると五八パーセント……と年齢を重ねるにつれて、ぐんと跳ね上がります（厚生労働省「介護給付費実態統計月報〈令和五年一月〉」より）。

加齢にストップをかけることはできませんが、現在の健康状態をできるかぎり保ち、要支援や要介護にならないようがんばりましょう。すでに要支援や要介護の状態なら、現在の要介護度を上げないようにすること、もっとがんばって要介護度を引き下げるようにしようと意識することなどが、高齢者ができる健康保険や介護保険を「節約」する方法なのです。

定年後こそ健康診断にお金を使う
——ほったらかしこそ高くつく

サラリーマンや公務員など、現役で仕事をしている間は会社や役所で定期的に健康診断を受けているのが普通です。扶養家族である奥さんも、会社の指定する病院などで健康診断を受けているケースも多いはずです。

定年は、こうした企業主体の福利厚生制度からはずれていくことでもあるわけです。ところが一般的には加齢が進み、しだいに健康状態がほころび始めるのはむしろ定年後なのですから、ちょっと皮肉な話ですね。

私は、そろそろ「老いの兆し」を感じるようになったら一度、精密な健康診断を受けるとよいとお勧めしています。銀婚式《ぎんこん》（結婚二十五周年）を迎えた、還暦《かんれき》になった、定年退職した……というような人生の節目に人間ドックに入り、全身の点検をしてみてはいかがでしょうか。

市区町村で行なっている健康診断、あるいは企業などで行なう定期健康診断は基本的な項目は押さえてありますが、いよいよ老いに向かう時期に受ける健康診断の内容としては「必要最小限度」と考えておくくらいにしましょう。

ただし、人間ドックでは健康保険が使えないので、それなりの費用がかかります。含まれている検査項目や病院にもよるので一概にはいえませんが、半日ドックで数万円から、一泊二日のドックなら十数万円からというあたりが目安でしょうか。

もしできれば、脳ドックやPET（ポジトロン断層法）によるがん検診など、より精度を高めた専門的なチェックを受けておけばいっそう安心です。

この安心は「どこかおかしいのではないか」と病気や体調の不安におびえず、毎日、平穏な気持ちで暮らしていくための基盤やよりどころとなります。**決して安くはありませんが、人間ドックの費用は結果的にリーズナブルな出費といえるのではないかと私は考えています。**

もしどこかに異状が見つかったら、むしろ幸運だと考えましょう。そのまま気づかずに暮らしていけば、より悪化してから病院に駆け込むことになり、治療には多くの時間やコスト、苦痛や心配がかかることになってしまいます。

貴重な老後の時間を「病院との付き合い」で潰すことほど、もったいないことはありません。

年齢とともに「自分の体に対するセンサー」を磨こう

前述のように、健康保険支出の半分近くを使っている高齢者が「自分の健康は自分で守る」という意識を持てば、医療費を大きく「節約」でき、現在は大きな赤字を計上している健康保険制度を健全化することにつながるはずです。

何より健康を損なえば、これから「人生の午後」を楽しもうと思っていたせっかくの老後計画も幻のものとなり、これ以上のソンはありません。

年齢とともに体に多少のガタが来るのは、いわば自然現象です。そうした自覚のうえで、「長年使ってきた体をさらに大事に使っていこう」と考えるようにしましょう。

「セルフ・メディケーション」という言葉をご存じでしょうか。これは先ほどの「自分の健康は自分で守る」ことを意味し、具体的には、日頃から自分で体調管理に気をつける生活習慣を持つことなどをいいます。

体調管理の第一歩は、毎日自分の体を見つめる習慣をつけ、小さな体調変化の兆しを見逃さないことに尽きます。当たり前のことと思うかもしれませんが、これがなかなかできないものなのです。

いちばんのお勧めは毎日、体重や血圧を測ること。体重測定からお話しすれば、コツは毎日、決まったタイミングを守ることです。朝、起床《きしょう》して排便をすませた後か、夕食直後か就寝前に体重計に乗り、結果をグラフ用紙のノートなどに書き込みます。これなら体重変化が一目瞭然《りょうぜん》となるからです。

「測るだけダイエット」という方法があるくらいで、このグラフの動きを見るだけで自然に食事を意識してコントロールするようになり、望ましい体重を保てるようになります。

血圧が気になる人は、できるだけ一日に二度、朝と夜に測定しましょう。血圧は一日の間で大きく変動しているので、一日一回の測定では正確を期せないことがあるからです。

朝は起床後の一時間以内。トイレをすませ、朝食を摂る前です。薬などを飲んでいる人はその前に測ります。夜は寝る直前です。ただし、寝る直前にお風呂に入ったばかりだったり、お酒を飲んでいたりする場合は、普段より数値が高くなるのでパスします。

血圧もグラフにすると、上がったり下がったりが一目で分かり、変化に気づきやすくなります。毎日、継続することで見えてくるものがあるわけです。

軽い頭痛があるとか、どうも食欲がないなど、体調に気になる点がある場合もノートに書いておきます。

こうして体に意識を向ける習慣が身につくと、同じ疲れでも、「今日の疲れ方はちょっと違う」と感じるなど、体が発信する微妙な変化のサインに気づくようになっていくはずです。「自分の体に対するセンサー」が磨かれていくのですね。

このように、加齢にともなってセンサーをよりシャープにしていければ、警戒サインをいち早く感知でき、大きな病気を早期発見したり、発作を起こす前に気づくことができ、大きな破綻《はたん》に至らないですむことが多いのです。

医療も介護も「かかりつけ医」が窓口になる時代に

日本では「どんなときでも大病院のほうが安心」と考える傾向が強く、そのため大学病院などの大きな病院はどこも混み合い、長時間待たなければ診察を受けられないことも少なくありません。そのうえ、医師は忙しすぎてクタクタ。

これでは質のよい医療を保つことは難しく、大きな視点で考えれば、これ以上の医療の損失はないといっても過言ではないでしょう。

そこで目下、国では「地域医療システム」の確立に力を入れています。患者はまず「かかりつけ医」の診断を受け、一般的な治療はここで受けるようにするのです。かかりつけ医では対応できない医療を受ける必要がある場合、次に地域の病院に患者を送り込み、さらに地域ごとの中核病院が設けられ、そこでも難しい場合には大学病院などの特定機能病院が対応する……。

こうした地域医療構想は、二〇一四年に制度化されました。

高齢で寝込んだときに在宅医療を希望する場合も、訪問医療や訪問看護の仲介は、かかりつけ医に相談することができます。また、介護保険を利用する場合の診断書もかかりつけ医に依頼するなど、**老後は特に、信頼できるかかりつけ医の存在が貴重になるでしょう。**

かかりつけ医はできるだけ家の近くで、普段の風邪などちょっとした不調でも気軽に診察を受けられる雰囲気のところを選ぶようにすべきです。持病や両親の病歴など、遺伝的な傾向の判断材料になるようなことも話しておき、健康のよきアドバイザーになってもらう関係を目指しましょう。

具体的な家族構成など、家庭の事情もある程度わかってもらっていると、高齢夫婦の一方が寝込んだ場合などのサポート体制も適宜《てきぎ》、紹介の便を図ってくれるはずです。

これと思う健康投資は惜しまない
――心身のストレスは浪費のもと

私は基本的には、贅沢にまったく関心がないタチです。それどころか、家にいるときの服装などは無頓着《むとんちゃく》で、パジャマなどかなり年季が入っており、家人がしょっちゅう「そろそろ新しいものにしたら?」と声をかけるくらいです。着慣れているから肌になじみ、とっても着心地がいいのですが。

そんな私も、「健康に対する投資は自分のできる範囲のマックスを」という考えを貫いています。

たとえばスポーツクラブは、懐《ふところ》具合からいえばちょっとハードルが高い会員制のクラブに入会しています。会員数が少ないため、いつも比較的空いていて、好きなときにいつでも気持ちよく体を動かせるのが気に入っているからです。

ミストサウナもあり、思いきり体を鍛えた後、ここでくつろいでいると、心にたまったモヤモヤまで汗と一緒にきれいに流れていく実感があります。

週に一~二回、ここで思う存分体を動かすことが精神的なリラックスにもつながっていて、私の健康管理には欠かせません。多忙な中でもそれができるように、と、クラブの近くに引越してしまったくらいです。

私はまだ現役で仕事をしているので、「お金より時間を優先」という選択をすることがよくあります。まさしくタイム・イズ・マネーで、時間を有効に使うためには、少々のコスト高には目をつぶる場合があるのです。

いくら「節約が肝要」とは言っても、何から何までコストを圧縮しようと頑張るのは得策ではないと、私は考えています。

つまり、自分の気に入ったものにはむしろ積極的に多くのお金を投じてしまう選択もあり、ということ。そうなると、残りのお金は少なくなりますから、必然的にほかのものへの出費は抑え気味になります。

でも、人の心理は不思議なものです。自分のお気に入りにお金を投じ、大きな満足感を得ていると、ほかのところを節約してもちっとも苦しくないし、イヤではなくなるのです。

年齢を重ねてきたら、まず健康に関することに自分が納得するだけのお金を投じることは絶対お勧めです。体が心地よければ、気持ちも穏やかに安定し、心身ともに健やかになります。

こうすると、ストレスや不満のはけ口のような「ヤケ買い」をしなくなりますし、ヤケ酒を飲んだり、ヤケ食いに走ったりもしなくなり、結果的にお財布も体調も健全な状態を保てることになる……。私の経験から来る確かな結論です。

「若さ」にこだわらない、「もう年だから」と開き直らない

実年齢を聞くと、お世辞でなくびっくり！　そんな高齢者が急増しています。見た目の若さは心の若さにも通じますし、若く見える人はほぼ例外なく、ライフスタイルも若々しく、「第二の人生」をエンジョイしています。

ただ、たまにですが、若さを保ちたいという思いに囚われすぎているのではないかと思える人もいます。アンチエイジング効果を謳《うた》ったサプリメントがよく売れている背景には、そんな心理が透けて見えるような気がするくらいです。

なかには「若者顔負け」のヤングファッションを着こなし、悦《えっ》に入っている姿を見かけることもありますが、正直にいえば、「若く見える」のと「若い」のと

では本質的にまったく違うものです。

高齢者は下手に若づくりをするよりも、酸《す》**いも甘いもかみ分け生きてきた、人生の熟達者らしい着こなしをするほうが、ずっと似合うのではないでしょうか。**

せっかくそうした年齢に達したのに、若い人と競争するのは、もったいないではありませんか。

江戸時代の随筆家《ずいひつ》・神沢杜口《かんざわとこう》は『翁草《おきなぐさ》』という膨大な書の中で、老い方の知恵として、「がる」と「くささ」を戒《いまし》めるように、と書いています。

「がる」は「若いと言われたがる」こと。

「くささ」は「老人くさい」「隠居《いんきょ》くさい」などです。

杜口は若さにこだわりすぎることも、「もう年だから」と開き直り老醜《ろうしゅう》に身を任せてしまう、そのどちらの生き方にも陥《おちい》ってはいけないと教えているのです。

アンチエイジングのサプリメントを飲んだり、しわ・たるみを取るためのヒアルロン酸注射をしても、若さにストップをかけられるのはほんの一時で、やがて老いは隠しようもなく進んでいくのが現実です。

老いは自然現象――。だからといって、衰えるままに任せておけばいいとは言いませんが、ほどよくバランスを考えて食べ、適度に運動して、無理のない範囲で若さを保つ努力をしていればそれで十分、と考えればいいのではないでしょうか。

高齢者によりふさわしいのは、若さに固執する姿ではなく、年齢を重ねてきたからこそ発揮できる、人生の知恵や思慮《しりょ》を持った生きる姿だと思います。

「マイカー時代」を過ごした団塊の世代こそ歩く習慣を

Oさんは七十代半ばの女性ですが、日頃はシルバーパスを持ち歩かないようにしているそうです。

シルバーパスは東京都が七一歳以上の高齢者に、収入に応じて一〇〇〇円、もしくは二万五一〇円で発行している乗車パスのことです。都内のほとんどのバス路線や都電、都営地下鉄に年間乗り放題――。活用の仕方によっては、交通費がかなりおトクになります。同じような制度を施行している、ほかの地方自治体も多いはずです。

ただしパスを持つと無料で乗れるため、ちょっと頑張れば歩ける距離でもつい「使わなきゃソン」とバスや地下鉄などを利用するようになり、歩くことが減ってしまうのが欠点といえるかもしれません。

そうでなくても「マイカー時代」の先頭を切って生きてきた団塊《だんかい》世代は、ちょっとそこまで出かけるのにも自宅から目的地まで車に乗って、という習慣に陥りがちです。

でも定年後なら、もう毎日の時間に追われて活動しなくてもいいのですから、健康のためにも車やバス、自転車での移動をあえて封印し、できるだけ歩くように心がけましょう。

Oさんのように、シルバーパスを利用するのは遠出の日だけ。近場に出かける日はパスを置いていってしまうというのは、案外賢いパスの生かし方ではないでしょうか。

歩くのは足の筋肉を使うだけ、と考えているとしたら大きな誤解です。**歩行は体の筋肉の六〇〜八〇パーセントに関連した動きで、想像以上の全身運動です。したがって、歩くことにより心臓や内臓も鍛えることができます。**

歩行は、脳の働きも活性化させます。

歩くことによって筋肉の知覚神経が刺激を受け、それが脳にも伝わり、脳全体の働きが活発になるのです。

「一日一万歩は歩かなければ」と万歩計をつけて、わき目もふらずに歩いている人を見かけることがありますが、そこまでしなくても、ふだんの生活でできるだけ近場は歩くように心がけるだけで、一日六〇〇〇〜七〇〇〇歩は歩くことになるそうです（二十歳以上・歩数の平均値）。

高齢者の場合は歩数は少なくなりますが、いままで何となくバスや自転車に乗っていた距離を歩くようにすれば、特に一日一万歩を目標に頑張らなくても、十分な運動になると思います。

ただし、同じ歩くのでも、背筋を伸ばして歩幅を広めに歩くようにしてください。

エネルギー代謝が高まり、ダイエット効果もより期待できますし、何より気分が晴れ晴れとするでしょう。

低体温は体調不良のもと
――「年寄りの冷や水」に気をつける

東洋医学では伝統的に体の冷えはさまざまな不調の誘因と考えられています。そこで、冷えの予防や「体を温めて不調を治す」ことに力を注いできたのです。

近年は西洋医学でも、体温と体の諸機能の関係に着目するようになり、カリフォルニア大学のダニエル・セスラー医師が「平均体温が一度下がると、免疫力は四〇パーセント近くダウンする。反対に一度上がると、免疫力は六〇パーセント近く増す」と発表しています。

こうした研究の結果、体温が下がると、生命活動を維持するために体内で働く酵素《こうそ》の活動が鈍《にぶ》くなることが分かってきており、自律神経の働きも鈍くなるため、免疫力が低下すると考えられています。

臨床《りんしょう》的な実感からいっても、体力の低下とともに、体温は目に見えて下がってきます。ところが、風邪をひくとすぐに熱を測るように、日頃、熱が上がることには神経を使いますが、「熱が下がる」「体が冷える」「低体温」にはあまり関心を持たない傾向がありました。

ようやく「冷えと体調不良」の関係が解明されようとしているのですが、皮肉なことに、この半世紀の間に日本人の平均体温が約一度も下がったことが大きな話題になっています。省エネ大国といわれながら、オフィスや商業ビルの中はガンガン冷房が効いていますし、駅では自販機、街ではコンビニなど、飲みたいときにいつでも冷えたジュースやビールが飲める環境が整っている日本の暮らし。これでは平均体温が下がるのも当然かもしれません。

全般に筋肉運動が減ってきたことも、体温低下の原因の一つでしょう。体温の四〇パーセントは、筋肉運動によって生み出されているからです。

ここに加齢が重なると、いっそう体は冷えやすくなります。加齢とともに熱生産と体温調節機能が衰えるため、若いときのような体温を維持しにくくなってくるのです。

「年寄りの冷や水」とは高齢者が無理することを戒《いまし》める言葉ですが、文字どおり若いとはいえない年齢になったら、冷たいものの飲み過ぎや食べ過ぎ、あるいは冬なのにシャワーだけですますというようなことは控えるようにしましょう。

「体を温める」には入浴がいちばん
——温泉、湯の花、塩湯、酒湯

体を温めるには、言うまでもなく、入浴がいちばんお勧めです。ただし、温めるなら単純に「熱い湯」のほうがいいだろうと思うのは間違いです。

熱い湯に入ると体がすぐにほてり、いかにも体が温まったように感じますが、こうした熱い湯で温まるのは体の表面だけ——。**体の芯《しん》まで温めるには、「ぬるめのお湯」にじっくり浸《つ》かるのがもっともいいのです。**

また、温泉は体がホカホカに温まるだけでなく、精神的な凝《こ》りまで癒《いや》してくれる効果を実感できます。治療効果のある温泉を「療養泉《りょうようせん》」と呼びますが、以下を参考に自分の体の症状に合った温泉を選ぶといいでしょう。

◆一酸化炭素泉（炭酸泉）＝高血圧、動脈硬化、運動麻痺《まひ》、打撲、切り傷、冷え性などにいい

◆炭酸水素塩泉《えんせん》（重層泉、重炭酸水素塩泉）＝痛風《つうふう》、糖尿病、肝臓病、胆石《たんせき》、慢

性消化器病などにいい

◆塩化物泉（食塩泉）＝筋・関節痛、打撲、ねんざ、冷え性、慢性婦人病、病後の回復などにいい

◆硫酸塩泉《りゅうさんえんせん》（石膏泉《せっこうせん》、芒硝泉《ぼうしょうせん》、正苦味泉《しょうくみせん》）＝高血圧、動脈硬化、糖尿病、慢性皮膚病、打撲、ねんざ、筋・関節痛にいい

◆鉄泉《てっせん》（含鉄《がんてつ》・銅泉）＝貧血、慢性消化器病、痔《じ》にいい

◆硫黄泉《いおうせん》（硫化水素泉《りゅうかすいそせん》）＝高血圧、動脈硬化、慢性皮膚病、慢性婦人病、筋・関節痛、痔にいい

◆酸性湯（明礬湯《みょうばんゆ》）＝慢性皮膚病、慢性婦人病、筋・関節痛、糖尿病にいい

◆放射線湯＝高血圧、動脈硬化、慢性皮膚病、慢性婦人病にいい

◆単純温泉＝手術後の回復、骨折、外傷などの療養にいい

温泉はいいけれど、予算的にしょっちゅうは行けないというなら、日帰り温泉に行くのもいいでしょう。

温泉に行って泉質《せんしつ》が気に入ったら、その温泉の素《もと》（湯《ゆ》の花）を買ってきて、自

宅の風呂で楽しむこともできます。「一粒《つぶ》で二度おいしい」ならぬ、「一回の温泉で二度楽しい」戦術です。また、ドラッグストアなどで売っている「温泉の素」を使用しても、毎晩、全国の名湯めぐりを気軽に味わえるでしょう。

もっと簡単に、普通のお風呂を薬効のある薬湯《やくとう》に変える方法もあります。そのひとつは塩湯《しおゆ》です。昔、海岸地方で海水を沸かして入っていたことに由来するもので、各種ミネラルの効果で体がじっくり温まります。一般的なサイズのバスタブなら、自然塩をひとつかみ入れてかき混ぜるだけ。市販のバスソルトもあります。

また、日本酒を入れる酒風呂《さけぶろ》も血行を促進し、疲れを芯から取る効果があるとされます。やり方は、普通サイズの湯船に四合《ごう》程度の酒を加えますが、酒は上等のものでなくて十分。料理用の酒などを利用して試してみてもいいでしょう。

加齢による「体内時計」の変化
——早寝早起きは自然現象

精神科を訪れる患者さんの多くは、「眠れない」「夜中に目が覚めてしまう」など睡眠に関わる悩みを口にします。心の病と関連していることもありますが、ほとんどは「心配ありませんよ」というケースです。

高齢になると睡眠パターンが以前と違ってくるので、その変化に不安を覚える人もいるのでしょうが、これも「心配はありません」がほとんどです。

もっとも顕著《けんちょ》な変化は、若い頃は苦手だった早起きが大得意になること。これは加齢により体内時計が変化し、血圧、体温、ホルモン分泌《ぶんぴつ》など、睡眠に関わる生体機能リズムが前倒しになるために起こる現象です。

朝早く目覚めるから、当然、夜は早く眠くなります。だったら早く寝て、早く起きればいいだけの話です。**「早寝早起き」は加齢現象によるごく自然な睡眠パターン。高齢者の正しい眠り方なので、気に病む必要はありません。**

加齢にともなうもう一つの変化は、夜中に目が覚めやすくなることでしょう。ちょっとした物音に目が覚めてしまったり、トイレに起きたり……。でも、これも多くが自然な現象なので心配はありません。

夜、眠っている間はずっと同じ深さで眠り、一定の時間がたつとだんだん眠りが浅くなって、やがて目が覚めるのだと思っている人も多いようです。しかし、睡眠の深さにはリズムがあり、「浅い眠り」と「深い眠り」を繰り返していることが分かっています。

浅い眠りは「レム睡眠」といい、眠っている間もまぶたの下で眼球が動いていることが観察されています。体は休んでいても、脳は活動しているという眠りですね。深い眠りは「ノンレム睡眠」といい、眼球は動かず、脳も多くの活動を控えて休んでいる状態です。

若い頃は一般的に、入眠時にまずノンレム睡眠が現れ、一〜二時間後にレム睡眠へ移ります。以後は、ノンレム睡眠とレム睡眠が交互に現れ、これを一晩で四〜五回繰り返して、やがて目が覚めるというパターンを描きます。

ところが年齢が上がるにつれて、ノンレム睡眠の出現が激減し、それだけでなく、浅いレム睡眠と少し深めのレム睡眠が二十〜三十分間隔で繰り返されるようになり、夜中、眠りが浅い状態がほとんどになってしまうのです。

つまり、夜中に目が覚めたり、早朝に起きてしまうのは加齢による自然現象というほかはありません。悩む必要もなければ、よほど問題がある場合をのぞいて睡眠導入剤の必要もないと考えていいと思います。

忙しい現役時代と違って「休内時計」に合わせて暮らすことができるのは、老後の特権ではないでしょうか。眠くなったら寝て、目が覚めたら起きる。**時計の針を見るのを忘れて、自分なりに十分眠ったと感じられる睡眠スタイルをとればいいのです。**

年を取ったら、少しの時間に「上手に休む術」を身につけよう

朝は早く起きる（起きてしまう）のだけれど、夜は晩酌《ばんしゃく》を楽しんだり、テレビを見たりでつい遅くなり、睡眠不足気味だという人もいるでしょう。

疲れや睡眠不足は、とにかく溜め込まないこと。健康維持のためにはそれを心がけることが何より大切です。特に年齢を重ねてくると、睡眠不足、疲労の蓄積は、大きな病気の引き金になる場合も少なくありません。

ちょっと休みたい。少しだけ寝たい……。そう感じたら、遠慮しないですぐに休み、疲れ、寝不足を早めに解消することをお勧めします。

アメリカの心理学者サラ・メドニックは、さまざまな実験の結果、三十〜九十分

程度の昼寝をすると注意力、判断力、運動能力が高まり、五感が冴《さ》え、ストレスも軽減し、記憶力が増すと報告しています。

疲れも同じです。

年を取れば、誰でも疲れやすくなってきます。

それなのに「若い頃はこのくらい何でもなかったのに、情けない」と思うから、ますます情けなくなり、気分まで滅入《めい》ってしまうのではないでしょうか。

「老いぼれだと思われたくない」と歯を食いしばって頑張ってみたところで、後でどっと疲れが押し寄せ、状況が悪化するだけです。まだまだ頑張ろうという気力はすばらしいと思いますが、もっと頑張りたいなら、なおのこと、ちょっとの時間に「上手に休む術」を身につけるほうが賢明です。

一緒にいる若い人から「ひと休みしませんか」と口に出すのは、いかにも高齢者に気を遣っているようで、実はとても言いにくいものだと聞きます。妙な意地を張らずに「この辺でひと休みしないか」と声をかけるのは、年長の者からすべき心遣いだと考えましょう。

増える高齢者のうつ病
——早く寝て忘れてしまうのがいちばん

二十一世紀の現在、昔と比べて長くなった老後を目いっぱい楽しんでいる人が増える一方で、長い老後をもてあまし、自分の気持ちを追い込んでしまい、ついには「うつ病」になってしまう人も増えています。

人生はいいこと、うれしいことが半分、つらいこと、苦しいことが半分ずつで成り立っている——私はそう考えています。ところが、うつ病になりやすい人は見るもの聞くものが暗く見え、気分がひどく落ち込んでしまうのです。

何事にも興味が持てなくなり、何をするのも億劫《おっくう》で面倒くさく、一日中ぼんやりと過ごすことが増えてくる人もいます。

そのため、高齢者のうつ病は「認知症」と間違われやすく、「もの忘れ外来」などを訪れる人の五人に一人は、認知症ではなくうつ病だともいわれます。

うつ病の原因は複雑です。悲しいことや悩みごとがあるから、うつ病になるというほど単純なものではありませんが、近親者の死や深刻な悩みなどが引き金になることは稀《まれ》ではないようです。

「うつ病になるのではないか」と不安を訴える患者さんに私は、「精神的につらいなと思うことがあったら、すぐにその日を終わりにしてしまうといいですよ」とお話ししています。

その日を終わりにしてしまう。手っとり早く言えば、早々にふとんをかぶって寝てしまうことです。パソコンでいう「強制終了」ですね。うつうつと心が晴れない日でも、さっさと寝てしまって翌日になれば、昨日の悩みなど忘れてしまうことも多いはずです。

年を取ると忘れっぽくなる——。これは一つの恵《めぐ》みでもあるのです。

悩むと頭にそれがこびりつき、眠ろうとしても、かえって目が冴えてしまうという人は、軽くお酒などを飲んでみるといいでしょう。

古来、酒は「百薬の長」ともいわれ、量を過ぎないようにすれば、気持ちをゆったりさせたり、元気をかき立ててくれる効果もあるのです。

第4章

老後、気になるお金のこと

「経済的な不安」をどう乗り越えるか？

「何とかなる。何とかやっていく」——これが年金暮らしの心得

年金をもらう年齢が近づいてくると、自分が受け取る年金額についての知らせが届きます。それを見て、多かれ少なかれ、不安を覚えるのは当然というべきかもしれません。

厚生労働省の発表によれば、二〇二四年度の厚生年金の標準的な額は、夫婦合わせて月額二三万四八三円（夫が平均的収入・年収五二六万円前後で四十年間就業した場合）とのこと。これには夫と妻の基礎年金も合算されています。自営業などで夫婦とも国民年金であれば、月額一三万円ちょっと。

「この年金では足りない……」といくら嘆《なげ》いてみても、天からお金が降ってくるわけはなく、この範囲で何とか暮らし、足りない分はいままでの蓄《たくわ》えを取り崩していくほかないのが老後の暮らしです。

現役時代の半分程度と考えると、不安になるのも分からないではありませんが、住宅ローンや子どもの教育費など「人生の二大出費」はほとんどの場合、終

わっているこ とが多いでしょう。

「案ずるより産むがやすし」と言うように、実際に年金暮らしを始め、半年もして慣れてくると、不安を口にする人はめっきり減ってくるようです。

「蟹《かに》は自分の甲羅《こうら》に合わせて穴を掘る」という言葉もありますが、人も自分のサイフのサイズに合わせて、ちゃんと暮らしを軌道修正していく知恵を持っているのでしょう。

何とかなる。何とかやっていく——。これが年金暮らしの心得です。

一泊旅行で「老後の生活会議」の話し合いをまとめた夫婦

仕事を辞め、年金暮らしになるのは人生における一大転機です。

聖書に「人はパンのみにて生きるにあらず」という言葉がありますが、逆に考えると、ともかく「パン代だけは確保しなければいけない」のです。パンとは生活していくうえで、どうしても必要なお金という意味です。

それを支える収入が半分近くに減ってしまうわけですから、「何とかなるだろう」と漫然と年金暮らしに入っていくのは、やはり無謀といわれても仕方がないでしょう。

夫婦二人の老後でも「ひとり老後」でも、年金暮らしを始める前に、お互いに向き合い、あるいは自分自身としっかり向き合って、今後の生活について忌憚《きたん》のない話し合いをする――。一人の場合なら、改めて自覚を持つべきでしょう。

最近は年金の支給開始前でも、自分がいくらくらい年金を受け取ることができるか教えてくれますから、社会保険庁などに問い合わせ、正確な数字を把握することをお勧めします。

同時に、預金や投資信託、株券、保険などの蓄えやローン残債、ほかに借入金がある場合はそれらも書き出し、わが家（そして自分自身）の財政状態の全容を再認識することも必要です。

Mさん夫婦は、わざわざ一泊旅行に出かけ、旅先で「老後の生活会議」をしたそうです。家でやるとかえって集中しにくく、あげくの果てに「結局、一生、やりくり算段して暮らさなければならないのね！」などという深刻な言葉が飛び出すことになりかねないでしょう。

これまでも、定年後のお金の話をすると思わぬ口論になってしまい、不愉快になるだけで、何も進んでいかないという経緯があったそうです。

その「老後の生活会議」の結果、年金から食費、光熱費など基本的な生活費を差し引いた残りを、夫婦で二分の一ずつ分けることにしました。そのお金については、どう使おうとお互いに口を出さない取り決めです。

退職金は、住宅ローンの残りを一括返済し、さらにこれまで目をつぶっていた家の修理やリフォームなどで半分以上消えてしまったそうですが、少なくともあと十数年は大きな修理をせずとも、住み続けられるようになったのでひと安心。残りは、不意の病気や介護が必要になったときの備えや、子どもの結婚費用の一部負担などのためにきっちり蓄えておこうと話し合いがまとまったと、安堵《あんど》の表情を浮かべていました。

それとは別に、奥さんが長年積み立ててきた郵便局の貯金が多少あったので、これは夫婦で旅行などの資金にすることにしたそうです。

このように「老後経済」の枠組みが明らかになると、ある種の自覚というか、覚悟が決まり、漠然《ばくぜん》とした不安はなくなるはずです。

また、枠組みを捉えるときに、「これしか使えないんだ」ではなく、「これだけ使えるんだ」とプラスに考えるようにすることも大事です。

「自分のポケットの中の小銭は、他人のポケットの中の大金に勝る」

文豪《ぶんごう》セルバンテスはこう語っていますが、まさしく名言ではありませんか。自分のポケットの中のお金を、どう生かしてこれからの人生を楽しんでいくのか。まさに豊富な人生経験の生かし時です。人生は、まだまだ先に続くのです。

ふたを開けるのが怖いからと、お金に目をつむって漠然とした不安を抱えるのではなく、まず老後の財布を再点検し、そのなかで目いっぱい楽しんで暮らしていくことを考えるようにしましょう。

「夢のような老後」を語るマスコミの数字に踊らされない

週刊誌やテレビで、老後には「ウン千万円が必要だ」などと報道しています。

こうした数字を見た奥さんが、「うちにはそんなお金はないわ。これからどうしたらいいんでしょう?」と不安を口にするようになったことから、前述のMさん夫婦は「老後の生活会議」を開こうという流れになったそうです。

奥さんが聞いた老後資金は、年金のほかに最低でも二〇〇〇万円、ゆとりのある老後を送りたいのならさらに四〇〇〇万円、合わせて六〇〇〇万円ほどの蓄えが必要だというもの。ある保険会社が主催した「定年セミナー」で配られたパンフレットにあった数字だそうです。

悠々《ゆうゆう》自適の「夢のような老後」を追い求めれば、こうした金額になるのかもしれませんが、私たちが生きていくのは夢ではなく現実です。まず見つめるべきは夢ではなく、現実だということを自分にしっかり言い聞かせましょう。

実際問題として、老後にこれだけのお金を用意できるのは、ごく一部の恵まれた人々だけです。試しに、あなたの周りの人たちを見回してみてください。**世の中のほとんどの人は「ポケットの中の小銭」で暮らしているのが実状だと、認識することも大事でしょう。**

Mさんもそんな大金とは縁遠いそうですが、夫婦でしっかり話し合ったという事実の満足感のほうが大きく、「うちはうち。あるお金で、何とかやっていきましょう」と奥さんの表情は見違えるほど明るくなったそうです。

いまは情報時代なので、マスコミやネットなどから多くの情報を得ることをやめなさいとは言いませんが、それに煽《あお》られたり踊らされて、むやみに不安を増大するのでは意味がありません。

一般情報はあくまでも参考データにとどめ、「うちはうち」「私は私」でやっていく――。これは人生の基本姿勢であり、「老後の経済」も例外ではありません。

禅寺の参籠で「日常の欲望」がそぎ落とされたMさん

定年を前に、今後の収入に合わせた「生活のダウンサイジング」ができるかどうか、不安にかられている人は、一度、寺の宿坊《しゅくぼう》に泊まってみるのはいかがでしょうか。

このアイディアは、時々私のもとにいらっしゃるフリーライターのMさんの経験をベースにしています。フリーライターというと「筆一本」で生きている職業です。カッコいいという印象がありますが、それは仕事が潤沢《じゅんたく》にあっての話。いつでも仕事が確約されているわけではないし、手厚い年金が用意されているわけでもない。言うならば、「先の保障のない」生き方でもあるのです。

特に差が大きいのが年金です。フリーランサーは国民年金を受け取ることになりますが、Mさんの国民年金の給付額は現在、六万五〇〇〇円ほど。

定期的、安定的に手にするお金がこれだけだと分かったときには、さすがのMさんも愕然《がくぜん》としたそうです。

フリーという仕事の形態から、これまでもときどき「経済的な不安」にかられることはあったそうですが、『老後』という要素が加わった不安は、これまでとはケタ違いでした。

若いときには「だからこそ、頑張ろう！」と自らを叱咤《しった》激励し奮起することで不安を乗り越えてきたそうですが、いよいよ老後に向かう年代になると、奮起するのではなく、「根本的に考え方、感じ方を変えなければダメだ」と感じたようです。

するとなぜか突然、禅寺《ぜん》にこもってみようという考えが浮かんできたのだそうです。以前、仕事で禅の精神に関する資料を読み、一度は参禅してみたいという気持ちがどこかにあったのでしょう。

行く先は道元《どうげん》が創建した永平寺《えいへいじ》に決めました。さっそく「三泊四日」の参籠《さんろう》を申し込むと、福井県の深山《しんざん》にある緑に覆われた古刹《こさつ》へと向かいます。

朝の起床は三時半。四時から座禅。それから朝の勤行《ごんぎょう》。入浴。それが終わってようやく朝食。朝食は粥《かゆ》と漬け物だけ。昼食は一汁《じゅう》一菜。ご飯に味噌汁。一菜は大切りのサトイモ、大根、タケノコなどと揚《あ》げの煮もの。これが終わると、庭掃除、トイレ掃除、宿坊の拭き掃除などの作務《さむ》をひたすら行ないます。

夕食は雑炊《ぞうすい》と青菜《あおな》の煮ものが一椀と漬け物。本来、この雑炊は一日の残りものを刻んで鍋に入れ、ご飯を加えてサッと煮たものだったそうです。「残りものまできれいに食べ尽くす」という精神が込められていたわけですね。

こんな食事でお腹が満たされるのだろうか。特に大食漢だというわけではないものの、最初はかなり不安だったとMさんは言います。むろん小腹を満たすものを売っている店などありません。でもこの食事をゆっくりと、ひと口ひと口味わいながら食べていたら、不思議なくらい空腹感はなかったそうです。

今は、永平寺では外部からの参籠者は鉄筋造りの宿坊「吉祥閣《きちじょうかく》」を利用することになっており、修行僧の雰囲気を味わうことはできないそうです。でも、参籠はあくまでも「研修」と位置づけられており、普通の観光とはまったく異なる体験に心が洗われ、Mさんは深く感じるものがあったと話しています。

深山という特別な環境もあったのでしょうが、欲望がどんどんそぎ落とされていきました。**人が生きていくにはそれほどたくさんのモノは必要ないと身に沁《し》みて感じ、それと同時に、将来への不安が徐々に薄らいでいったのだそうです。**

もちろん山から下りれば、あれこれ欲望を誘う日常が待っています。今でもそうした欲望を抑えきれないことはよくあるそうですが、心の奥底には永平寺で感じた、欲望をそぎ落とした清々《すがすが》しい感覚が残っていて、つつましく暮らす自信が備わったみたい、と静かな笑みを浮かべています。

「老後の入り口」に立ったときに、こうした生活を体験することは、現役時代とは異なる質素な暮らし方、考え方を身につけるうえで確実な道だといえるかもしれません。

永平寺だけでなく、大きな禅宗の寺ではたいてい一般の参籠を受け入れています。また禅宗に限らず、高野山《こうやさん》や比叡山《ひえいざん》など寺の宿坊などに泊まってみることもいい体験になるはずです。

私のセミ引退体験
――お金では得られない満足感を知る

定年前に仕事を辞める……。

実は、私はそんな体験をしています。

五十代半ばで勤めていた病院を辞めてしまったのです。履歴などを書くときは次に勤めた病院を続けて書くので、前の病院を辞めてすぐに次の病院に移ったと思われている人も少なくないようですが、それは誤解。前の病院を辞めたときには、先の見通しはまったくなかったのです。

それでも辞めたいと思ったのは、管理職を命じられたからでした。管理職になることは組織人としては「出世」であり、一般的には喜んでいいことだと考える人も少なくないでしょう。でも私にとっては、後進の指導をするとか部署をまとめるなどの仕事が増え、自分が本当にやりたい仕事から離れていくことを意味していました。

そこで考えた末、「元気な間に自分が本当にやりたいことをやろう」と決意したわけです。経済的な保障はなくなり、実際それ以後、聖路加国際病院（当時）のお話があるまでは週二回、ある病院で外来を担当させてもらう、いわゆるアルバイト生活を送りました。

この間、経済的には不安もありましたが、以前からやりたいと思っていた地域医療のモデルづくりなどに関わることもでき、精神的には非常に満足度の高い日々だったと胸を張れます。

それから二年後、聖路加国際病院に移ったのですが、ここでは私が本当にやりたかった領域の専門医として仕事をさせていただいたので心から満足し、迎え入れてくれた病院にも大変感謝しています。

こうした経験から私は、お金では得られない満足感があることを体験的に知ったのです。

定年後は、確かに収入は減るかもしれませんが、その代わりに、時間というもう一つの人生の財産が手に入るのです。

それを考えれば、定年後の年金暮らしというのは、別の豊かさに満たされる恵まれた暮らしといえるのではないでしょうか。

超高齢者から高齢者に遺産が受け継がれる時代に

老後といえば、反射的に生活のダウンサイジングとか介護の不安という言葉が出てきてしまいますが、その一方で、高齢者はかなりの額のお金を持っていて、しかし、それを使おうとしない傾向も顕著なようです。

金融広報中央委員会の調査によれば、二〇二一年時点で、二人以上世帯で世帯主が六十代の世帯、七十代の世帯で平均貯蓄額は二〇〇〇万円を超えており、それ以下の世代と比べて突出しているそうです。実に六十代で日本の家計金融資産の二六パーセント、七十代以上で三七パーセントを所有しているのです。

これには「超高齢化」も関係しています。最近は、遺産が超高齢者から高齢者に受け継がれている傾向が強く、これも金融資産を高齢者に偏在させている大きな理由になっているという指摘もあります。

私から見れば、遺産を受け継いだような場合、高齢者はなぜそれを金融資産に回してしまうのか、残りの人生を楽しむために使おうとしないのか、ちょっと不思議です。

六十五歳、七十歳ともなれば、残りの人生の展望も見えてくるでしょう。**旅行に出かけたり、おいしいものを食べるといっても、それを楽しむ時間がそう長く残されているわけではないことも自覚すべきだと思うのです。**

病気やケガをして健康を損ねたり、あるいは食事制限ができたり、連れ合いに介護が必要になったりする可能性は高くなる一方です。

知人のUさんは、一人で好きなところに、好きなように行けるのは七十代半ばぐらいまでだろうと見込みをつけ、六十代後半頃から、蓄えを惜しげもなく取り崩すようになったと笑っています。元気でいられる残り時間を精一杯楽しもうと方向転換したわけです。

「お金は本来、貯めておくものではなく、生かして使うものだから」というUさんの考え方はまことにうがった（的確な）ものだと思います。

昔から「棺《ひつぎ》を閉じるその瞬間に、最後のコインをチャリンと落とす。そんな生き方ができたら最高だ」とよく言われます。

いつまでも不安にかられて大枚を握りしめていても、あの世に持っていくことはできないのです。

人生の持ち時間、それも元気に活動できる間で、どれだけ上手に自分のお金を使いきることができるか。生き方上手かどうかは、ここで分かれるのではないでしょうか。

お金持ちより時間持ち
——計画して定年前に会社を退いたYさん

仕事で「生涯現役」を目指す生き方もあるでしょうが、**一方では、好きなことをする時間が欲しいと仕事を早めに退いてしまう生き方もあっていいはずです。**

Yさんも、そんなお金持ちより「時間持ち」という生き方を選んだ一人です。

Yさんとの付き合いは、もう十年以上になるでしょうか。

中堅の医療機器メーカーを定年前に辞めて、その後はフリーの医療コンサルタントをしています。

「下の子が大学を出て社会人になったので、そろそろいいかなと思ったんだ」と話していますが、メーカーを早めに辞めた本音は、好きなことを好きなようにできる体力が残っている間に、自由に時間を使える立場を確保したいという気持ちが強かったのだそうです。

会社を辞めて最初に試みたのは、アメリカでのホームステイ生活でした。若い日からの夢をようやく実現させたのです。

目的地に選んだのはケンタッキー州。理由は特になく「バーボンが好きだったから」と笑っていますが、ここでアメリカ人家庭に滞在しながら語学学校に通い、残りの時間や週末はレンタカーであちこち旅行三昧《ざんまい》だったとか。アメリカの古きよき時代の面影が残っていて、ニューヨークやロサンゼルスとは一味違ったアメリカを体験できたそうです。

それ以来、Yさんはほとんど毎年のように、半月〜一ヵ月くらいの海外ホームステイに出かけました。

北欧や、ニュージーランドへ——。一回あたりの費用は四〇万円前後（当時）。パッケージツアーに比べると割安です。しかもホストファミリーとその後も長く親しい関係になれるなどのメリットも大きな旅の楽しみ方だと、大いに気に入っている様子です。

「言葉の壁が……」と悩む必要はありません。カタコト英語で十分です。ホームステイを受け入れてくれるファミリーは、言葉が満足にできない人への対応は馴れっ子になっているし、乏《とぼ》しいボキャブラリーでもちゃんと意思の疎通はできるものです。

言葉はできるに越したことはありませんが、「達者でなくてもコミュニケーションは何とかなるものだ」という自信を得ることもできるでしょう。これも意外なメリットといえるかもしれません。

海外のホームステイに興味のある方は「日本国際生活体験協会（ＥＩＬ）」(https://www.eiljapan.org/) などのホームステイ斡旋《あっせん》機関に、コンタクトを取ってみてください。ＥＩＬは公益社団法人で、現在、加盟二三ヵ国のホームステイプログラムを提供しています。

Ｙさんは、次はフリーの医療コンサルタントの仕事をもっとセーブして、半年か一年、海外で暮らすことを計画中だとか。**そのための預金にも励んでいるそうで、ふだんの暮らしは「ケチケチ生活だよ」と大きく笑います。**

こんな明確な目的があれば、ケチケチ生活も楽しいかもしれませんね。

ボーナスと縁が切れたら、クレジットカードとも縁を切る？

買い物は現金でするか、カードにするか――。

仕事を退いて、収入が限られてきたら大いに悩む問題です。

もちろん、自分が好きに決めればいいことですが、**一般的には、現金払いにしたほうが大きな失敗をしにくいのではないか。私はそう見ています。**

精神科にはときどき、次から次へモノを買っても満たされず、さらに買い続ける「買い物依存症」の人がやってきます。なかには、気がついたときにはカードローンで首が回らなくなってしまったという人もいます。

カードは便利なものですが、その場で現金を出す必要がないので「お金を使ったという実感」がともないにくいという難点があります。そんなことは言われなくてもわかっていると笑う人は、カードの罠にはまりやすい素質十分。気をつけたほうがいいと警告しておきます。キャッシュレスの便利さ、怖さを軽く見る人ほど、ふとしたきっかけに、キャッシュレスの罠にはまりやすい傾向があるのです。

知人のBさんは、定年を機に「カードは原則として使わない」と決めてしまいました。クレジットカードは一枚だけを残してほかは解約。残したカードも海外旅行先で使うだけ。海外では現金を出し入れするほうが、かえって危険だからです。

Bさんが国内でカードを使わない理由は、予算外の買い物でも、ついカードを使えばいいのだと考えてしまうから。現役時代なら予算をはみ出し、出費が膨らんでしまった場合にもボーナスで補い、何とか乗りきることができたのですが、定年後はその頼りのボーナス自体がなくなってしまうのです。

「ボーナスと縁が切れたのだから、カードとも縁を切ろう」と決心したというのですから、なかなか見上げた心がけだと感心しています。

ふと見かけたモノをどうしても買いたいと思ったときは、いったん店を出て、ATMでお金を下ろして現金払いで買っているそうです。最近はたいていのコンビニでもお金がおろせるので、不便を感じたことはないとか。

時にはATMまで行く間に冷静さが戻ってきて、「やっぱり今回は見送ろう」

と思い直すこともあり、定年後に現金払いにしてから「後悔する買い物はほとんどしたことがない」と、ちょっと自慢そうな表情を浮かべています。

「財布に現金が少ない」と不安な世代にお勧めの肌付銭

財布にいくら現金を持っているかで、年代を当てることができる人がいます。確かに最近の若い人は、呆れるくらい現金を持っていません。電車やバスに乗るときだけでなく、コンビニの買い物や自販機でも「SUICA」などの電子マネーでピッとやるだけ。日常生活を送る分には、現金を必要とするシーンはほとんどないと言ってもいいくらいなのですね。

一方で現在、五十歳以上の年代の人は、ある程度の現金を持っていないとどうしても心細いという人が少なくないのです。

しかし現金を財布にたくさん入れていると、つい気が大きくなってしまい、おごらなくてもいい場面で「いや、今日は私に任せてくださいよ」などと口走ってしまう場合がよくあります。

知り合いの女性は年金暮らしになってから、持ち歩く現金の上限を、小遣いの三分の一と決めてしまったそうです。彼女の場合は、年金から光熱費などの固定経費を差し引くと、生活費の予算は三〜四万円。したがって、財布に入っている現金は多くても一万円ちょっとぐらいです。

その代わり財布とは別のところに、いつも二万円持っているそうです。ただしこれは「肌付銭」です。

肌付銭というのは、昔、旅に出る人などがいざというときのために、衿《えり》の中などに縫《ぬ》いつけておいたお金のことをいいます。

現在では、衣服の中とはいかないですから、財布とは別のところに収めておくほうがいいでしょう。そしてふだんは、このお金は「持っていないもの」として行動します。出先で突然の入用《いりよう》があり、お金を引き出そうとしても近くにATMが見当たらなかったときなどにだけ取り出す、と自分に約束しています。

肌付銭が「日の目」を見ることはめったにないそうですが、持っているだけで何となく安心感があるそうです。

欲しいものとの「ご縁」を試して衝動買いにストップ！

Fさんは「消費世代」と呼ばれる団塊《だんかい》世代の典型です。デパートに足を踏み入れたら最後、帰りにはデパートの袋をいっぱい手にしているというほどの買い物好きでした。

「今日は見るだけにしよう！」

そう何度も自分に言い聞かせていても「あら、これいいわね……」と思うと、もう衝動を抑えきれません。今月はすでに予算に余裕がないとわかっているときでも「ボーナス払いにすればいいわ……」などと自分に言い訳しながら、「これ、いただくわ」という言葉が出てきてしまうのです。

「衝動買い」とはよく言ったもので、家に帰って広げる頃には、勢いで買ってしまったときの興奮は消え、後悔することも稀ではなかったといいます。

年金暮らしと、現役時代の暮らしの最大の違いは、前述のようにボーナスなど臨時収入の多くがなくなってしまうこと。衝動買いなど予算外の出費を吸収するクッションがなくなってしまうのです。

Fさんも年金生活に入るにあたり、買い物好きな性格を改めなければいけないと心配になりました。**そして考えついたのが、買いたいと思ったもののうち、「ご縁がある」ものだけを買うという戦術でした。**

具体的には、どんなに気に入ったもの、欲しいと思ったものでも、出会ったその日には「絶対に買わない」と決めた。それだけです。

一晩おいても、あるいは二、三日たっても「やっぱり欲しい」と思う気持ちが消えなかったら、もう一度、店に足を運ぶのです。

残念ながら、もう売れてしまっていたことも多いそうです。そんなときは「ご縁がなかったのだわ」と考えます。逆にまだ、その品が店にあったら「今日まで私を待っていてくれたなんて、きっとご縁があるのだわ」という気持ちになり、ようやくレジに向かうのです。

モノと自分の間にも、ご縁がある場合とそうでない場合がある――。こう考えるようになってからは、衝動買いをするクセがすっかり影を潜めたそうです。

いまでは、買うものは二度も足を運んでまで欲しかったもの、さらに自分と縁があると思えたものだけに絞られたからでしょう。買う機会はずっと減ったのに買い物から得る満足感は、以前よりずっと大きなものになったとご満悦です。

やり直しができない老後だから、保険を真剣に考えておく

健康保険があるからとりあえず安心と思っている人も多いでしょうが、大きな病気になり入院したりすると、意外なほどお金がかかる場合もあります。

もっとも大きいのは、入院する部屋によってかかる差額ベッド代です。いわゆる個室料金ですが、二人部屋などでも室料がかかることも。

原則として、患者さんが自ら希望した場合に費用が発生し、医療機関側が治療上の必要があって個室に入れた場合には、差額ベッド代を徴収することはできない決まりになっています。

とはいえ、他人の目を気にせずリラックスできるからと個室を希望したくなる気持ちも分かります。すると、だいたい一泊数千円から高いところでは一万数千円以上かかります。これは都心や地方の違い、病院の価格設定によって「ピンキ

リ」なのですが、一ヵ月以上など長期の入院になれば、差額ベッド代だけで相当大きな自己負担額になるのです。

また、先端医療の中には健康保険の適用が認められていないものもあります。たとえば、がんを切らずに治せる陽子線《ようしせん》治療は保険適用ではなく、何百万円もの費用はすべて個人負担になります（一部疾患を除く）。

そうした突然の出費に備え、個別に医療保険やがん保険には入っておくほうがいいと思います。民間の保険会社だけでなく、郵便局や農協などでも医療保険やがん保険を取り扱っているはずです。

ほかに、何社もの保険を比較し、年齢、掛け金の予算などに合わせて最適の保険を紹介してくれる「ほけんの窓口」(https://www.hokennomadoguchi.com/) などの企業もあります。最近は高齢になっても加入できる保険も増えているので、一度、相談してみるのもいいでしょう。

医療関連でいうと、海外旅行に行くときには必ず、空港などで掛け捨ての傷害保険に入っておくこと。これは必須と言ってもいいくらいだと思います。海外の医療費は非常に高いからです。

よくクレジットカードに海外旅行の傷害保険が付帯《ふたい》しているから、それで十分だろうと思っている人がいます。カードの種類（ゴールド・一般など）によって保険金額も異なりますが、ほとんどの場合、カードの保険では全然足りません。

ちなみに、知り合いがスイスの氷河見物中に足をすべらせて骨折したときには一ヵ月の入院・治療で、ざっと五〇〇万円ほどかかったそうです。

また、あってほしくはありませんが、日本という地震国に住んでいるのですから、自宅にはできれば火災保険だけでなく、地震保険にもセットで加入しておきたいものです。

掛け金を支払うときにはもったいない支出のように感じるかもしれませんが、**若い頃と違ってやり直しができない老後になって、いざというとき、大きな金額を補塡《ほてん》してもらえるのは本当に助かるもの。**保険料はケチケチ節約しないことが、いちばんの「節約」に通じると考えましょう。

おいしい儲け話のワナ
――晩年に「欲をかく」のは大損のもと

二〇〇八年九月にリーマンショックが起きたときなど、私の周りにも「大損をした！」と嘆《なげ》く人がけっこういました。超低金利時代が続き、銀行の利子はスズメの涙ならぬ「カの涙」くらい。

少しでも利回りのよい投資先を求める気持ちも、理解できないわけでもありません。

令和四年度総務省の家計調査で世帯主の年齢別貯蓄を見ると、年齢が高い世代のほうが、有価証券への投資割合が高くなっている傾向が見てとれます。

投資信託の中には、銀行金利の数倍では利かない高い利回りを提示しているところもありますが、投資には「ハイリスク・ハイリターン」という絶対の法則があることをしっかり認識しなくてはなりません。

もちろん、金融機関は十分に内容やリスクを説明するなどの法令遵守には努めているでしょうが、**自分が仕組みをちゃんと理解しないままに契約してしまう**

と、「こんなはずではなかった」と後悔しないとも限りません。

一流企業で売られている、ちゃんとした金融商品でもそうなのです。ましてやどう考えてもうますぎる、安全確実を保証するような、そんな話にはハナから耳を貸さないことがいちばんです。

世の中にそんなにおいしい話などあるわけがないし、そうそう都合よく自分のところに話が来るはずもないと考えていれば、まず間違いはないでしょう。

老後に車は必要だろうか？
——使用度、維持費、事故の危険

地方に行くと、鉄道やバスは一日に数えるほどの本数しか運行されておらず、車がなければスーパーや病院に行くのにも困るという地域も少なくありません。

このように、車が日常生活の「足代わり」の地域に住んでいる場合は別でしょうが、都市部やその近郊に住んでいる場合は、老後も車を所有し続けるかどうか改めて検討してみるといいと思います。目安としては、シルバーマークを付ける年代になる頃が一つの区切りでしょうか。

私は車で通勤しているので、毎日自分の車を利用しますが、もし通勤の必要がなくなったら、自分で車を使う機会は激減するだろうと思います。時々、大型ショッピングセンターに行くとか、たまに一泊程度の旅行に出かけるくらいという使い方ならば、「車の維持費」はかなり割高になってしまいます。

車種や使い方にもよりますが、車の維持費は年間で約四〇～六〇万円かかります。これは税金、ガソリン代、車検といった平均的なメンテナンス費用、任意保険料などの合計で、車の購入費（ローン）は別にしての計算です。駐車場を別に借りている人もいるでしょう。

車の購入費を別にして、月に三～五万円というのは年金頼りの老後の暮らしにとってかなり大きな負担だと思います。

車の運転が大好きで、運転しているとストレス解消になる人なら、車はあったほうがいいでしょうが、そうでないなら、この三～五万円のお金で、必要なときに多少不便でもタクシーを利用すればいい、と発想を切り換えるのも一つの考え方です。

遠隔地の旅行も「ドア・トゥ・ドア」とはいきませんが、最近は高速バス網が張り巡らされており、高速料金より安いくらいの料金で各地に出かけられます。旅先では、必要に応じてタクシーを利用すればいいのです。

それにタクシーならば居眠りしようと、外でお酒を飲んでいようと大丈夫。最近、高齢者の運転する自動車事故が増えてきていますが、プロが運転するのですから家族にとっても安心安全です。

ペットも高齢になる
——多額の治療費、介護の問題

先日、取材にいらしたある雑誌の編集者は「そろそろ還暦《かんれき》なんですよ」と笑っていましたが、目下最大の悩みはペットの医療費だと、ちょっと深刻そうな表情で語っていました。

結婚生活に終止符を打ち、シングルマザーで二人の子どもを独立させた頃、両親があちこち不調を訴えるようになりました。そこで、これまでのマンション暮らしをたたんで実家に戻り、同居したのだそうです。その後、両親は相次いで旅立たれたそうですが、後に三匹のネコが残されたというのです。

お父さんが散歩先などで拾ってきたネコたちで、両親の老後を癒《いや》す貴重な役割を果たしてくれていたそうですが、ここにきて急に衰えが目立つようになってきたそうです。動物病院に連れていくとどちらも加齢現象で、「これは肝臓が悪い」「こっちは腎臓の数値が問題ありですね」という具合です。

問題は治療費です。最初に具合が悪くなった一匹を連れていったときは入院が必要となり、一週間ほどの入院で諸検査費用なども含めて七万円以上かかったそうです。

現在は三匹が薬を飲んだり、毎月、血液検査などを受けて、月々の動物病院の支払いが四~五万円かかるそうです。

とくに検査代金がかさむのです。ほかにもエサ代がかかるわけですから、トータルではかなりの負担となっています。

ペットフード協会が令和四年に実施した調査によれば、ペットの飼育料金はイヌで月約一万円。ネコで五〇〇〇~九〇〇〇円です。

イヌは狂犬病予防注射が義務づけられており、ほかにも各種ワクチン代など、生涯飼い続けようとすれば三〇〇万円ぐらいかかるそうです。

彼女の場合は、両親が飼っていたネコの世話を引き継いだわけですが、**ある程度の年齢になってから新しくペットを飼い始めるなら、ペットの寿命を考えて、最期までちゃんと世話ができるかどうか。さらに経済的な余裕を含めて、冷静に検討すべきでしょう。**

さまざまな事情から途中で飼育放棄され、保健所などに持ち込まれて、処分されるイヌ・ネコは年間約一万二〇〇〇頭（令和四年度）にのぼるそうです。

日本動物愛護協会のサイトには「飼わないことも動物愛護!?」という問いかけも掲載されているそうですが、うなずける言葉です。

電気料金の値上げを機に、わが家の「省エネ」を見直そう

地球環境を守るために、また日本では東日本大震災による原発事故の影響もあり、企業も個人も、節電や省エネへの取り組みが求められています。

省エネやエコに関して、高齢者はいままでの生活習慣をそのまま継続している場合が多く、むしろ若い世代のほうが関心が強く実行もしているようです。電気

料金の値上げをきっかけに、わが家の節電、省エネ対策を見直してみるといいでしょう。一般的に、次のようなことが考えられます。

一、待機電力をカットする

家電製品の待機電力はけっこうバカにならず、経済産業省によると家庭の消費電力の約四～六パーセントを占めるそうです。**使わないときは電源を抜くように習慣づけるだけで、電気料金をそれだけ節約できるわけですね。**最近はプラグをいちいち抜かなくても、手元のスイッチをオン・オフするだけで待機電力をカットできる、省エネタイプのスイッチ式コンセントが出ています。

二、冷暖房の温度を少し上げ（下げ）る

経済産業省の試算によると、冷房温度を二六度から二度上げると約五パーセントの節電効果があるそうです。公的な建物では、夏の冷房も二八度程度に設定することが奨励されていますが、家庭ではどうでしょうか。「暑い、暑い」とどんどん温度を下げてしまってはいませんか。

設定温度を少し上げても、扇風機との合わせ技を使えば、より清涼《せいりょう》感を味わえます。エアコンで冷やした空気を扇風機でかき混ぜ、部屋の隅々に冷たい空気を送り届けるのです。冷たい空気は下に溜まるので扇風機を上向きにし、首ふりモードにするともっと効果的です。ちなみに、扇風機の消費電力は一時間一円弱ほどでエアコンの三〇分の一以下です。

暖房は設定温度を二一度から二〇度に下げると、年間五三・〇八kwhの電気の省エネになるそうです。高齢者には懐かしいアイテム、湯たんぽも復活しています。

三、LED電球を使う

LED電球の消費電力は、白熱電球の七～八分の一。しかも電球自体の寿命も白熱電球の四〇倍以上。一日十時間点《つ》けていても十年以上使える計算になるそうです。最近はLED電球の価格もずいぶん下がってきたので、門灯《もんとう》や玄関灯など**長時間使用する場所の電球はLEDに変えるほうがトータルコストも安くなり、何より省エネ度が大きく違ってきます。**

四、太陽光発電を取り入れる

東日本大震災による原発事故後、火力発電による燃料費の高騰から電力会社が相次いで電気料金の値上げに踏み切りました。近年も、原油高や「再生可能エネルギー発電促進賦課金」の負担増でさらに値上げされています。

そうしたなかで、太陽光発電によって「電気は自給自足しよう」という家庭の動きも活発になっています。発電量が自宅で使う分を上回れば、電気料金がタダになるばかりでなく、電力会社が買ってくれる売電システムもどんどん広がっています。

災害時に非常用電源として活用できることも心強いでしょう。

問題は、太陽光発電機の設置コストや、メンテナンスのコストがかかること。でも最近は、機能や効率向上、生産量の拡大によって急速なコストダウンが進んでいます。

国の補助金は残念ながら廃止されましたが、**自治体によっては独自の補助金制度を設けていますので**、ぜひ調べてみて下さい。

電気代いらず

——季節ごとの「住まいの衣替え」はいかが

前項の続きですが、日本には電気を使わずに涼を取る、昔ながらの暮らしの知恵も伝えられています。たとえば京都は盆地であることから冬は寒く、夏は油《あぶら》照《で》りと言われるほどの暑さに見舞われますが、エアコンなどない時代に「住まいの衣替《ころもが》え」を行ない、涼を取り入れる工夫をしていたのです。

衣替えとは本来、季節に合わせて着物を袷《あわせ》から単衣《ひとえ》に（またはその反対に）着替えることをいいますが、**京都では住まいも「冬構え」と「夏構え」「夏座敷」を入れ替えてしまうわけです**。

住まいの衣替えは、六月一日の着物の衣替えが終わり、夏の兆しが本格化してきた頃、よく晴れた日を選んで行なわれます。

ふすまや障子をはずして御簾《みす》や簾戸《すど》に替え、縁側《えんがわ》にはすだれを吊るし、畳には網代《あじろ》と呼ばれる竹を編んだ敷物や籐《とう》の敷物が敷かれます。網代は見た目が清々しいばかりでなく足触《ざわ》りがひんやりし、これだけでもグンと清涼感が高まるくらいです。

間仕切りの襖《ふすま》もはずされ、代わりの簾戸は、葦《よし》を使った引き戸で風通しがよく、涼風を座敷に誘い込み、夕暮れ時ならエアコンなしでも十分にしのげるそうです。

座布団はイ草製のものや麻《あさ》や紗《しゃ》などシャリ感のあるカバーに替えられ、床《とこ》の軸《じく》、花を飾る花入れなども、夏にふさわしい題材や素材のものに替えられます。

忘れてはいけないのが打ち水です。町家造りと呼ばれる京都の家は細長く、奥まっていますが、その中ほどに坪庭《つぼにわ》があります。この坪庭に打ち水をすると水気が蒸発するので空気の入れ換えが起こり、自然に風が起こるのです。

ほかにも外すだれや立てすだれなど、葦のすだれを上手に使って灼熱《しゃくねつ》の夏の陽をさえぎる工夫もしています。

こうした京都の夏座敷には「電気なんてもん、なくたって涼しゅう過ごせまっせ」という痛快な生活の知恵を感じます。

緑のカーテンで窓をおおう
——人気ナンバーワンは断然ゴーヤ

知人の一人が「わが家の緑のカーテンの収穫です。初めての収穫なんですよ」と、うれしそうに言いながらゴーヤをくれました。

つる性の植物で窓辺をおおう「緑のカーテン」は、

一、陽射《ひざ》しをさえぎる日陰を作ることで、周囲の温度が上がるのを防ぐ

二、葉の表面から水分が蒸散するときに気化熱を奪うため、周りの温度が下がる

三、家の外壁などに熱が溜まるとその後、じわじわと熱が放散される。しかし、緑のカーテンがあると外壁の温度の上昇自体を抑える効果があるので、熱の放散も少なくなる

などの効果があります。NPO法人「緑のカーテン応援団」によると、**緑のカーテンがあると、熱量の八割がカットされるそうです。**

そのため、夏場、エアコンの使用で高くなりがちな電力消費を抑えることができますし、外観が緑でおおわれ、住宅の窓辺などにも青々とした茂りが作られるので人々の心を癒す効果もあります。

ゴーヤを持ってきてくれた知人はマンション住まいですが、ベランダのプランターでもけっこう大きく育つそうで、その言葉どおり、初収穫のゴーヤはなかなか立派なものでした。

緑のカーテンを作るなら、栽培する植物にもよりますが、たいていは五月中旬頃に園芸店で苗《なえ》を買ってきて植えつけます。

地面やプランターから軒下《のきした》までネットを張ることも大事なポイント。園芸店やホームセンターなどで「緑のカーテン用」として販売されている網目《あみめ》の大きなネットを張り、つるが伸びてきたら網目にからませていくと、自然にカーテン状に葉を茂らせていきます。

葉が四、五枚出た段階で葉の先端部分だけ剪定《せんてい》すると枝の数が増え、面として広がっていきやすくなるそうです。

そして水をたっぷりと与えること。ときどき肥料を与えること。排水溝《こう》が土や葉で詰まったりしないように、こまめに取り除いてやること……。ふだんの手入れは普通の園芸とほぼ同じです。

緑のカーテンの人気ナンバーワンは断然ゴーヤ。苗売り場の人によると、七～八割の人がゴーヤを選ぶといってもいいくらいの人気だそうです。家計に貢献するところまではいかないでしょうが、「わが家でゴーヤが収穫できるなんて、何となく感激！」でしょうね。

人気の二番手はアサガオ、ついでキュウリ、フウセンカズラ……と続くそうです。トケイソウのような多年草なら、一度作れば毎年、緑のカーテンと花が楽しめますね。

第5章

いくつになっても楽しく遊ぶ

地域・趣味・仕事の新たな人間関係

定年後の人間関係
――「まずは地域へ帰る」ことが第一歩

人生はどんどん長くなり、最近では「人生百年時代」といわれるようにもなっています。平均余命が延びたわけではありませんが、人が活き活きと活動できる期間がますます延びてきたと感じるのです。

人生百年だとすれば、六十〜六十五歳で定年を迎えても、元気に楽しめる年月はまだ三十五年以上もあるわけです。それだけの長い期間を楽しむために欠かせない条件を考えると、一にも二にも、身近に一緒に楽しめる仲間がいることではないでしょうか。

「身近に」とわざわざ断ったのは、仲間は気軽に会えることがいちばん大切な条件になるからです。老後は「遠方より来《きた》る友」や「遠方に出かけて行って会う友」ばかりでは、次第に息切れしてきます。早くいえば、歩いて、あるいは自転車やバスで気軽に行き来できる地域に友だちや仲間がいることが、大変ありがたくなってくるのです。

わざわざ電車に乗って都心の繁華街に出かけ、友人と久しぶりに会うと、特別感があるから必要以上に盛大に飲んだり食べたりし、お金がかかります。すると懐《ふところ》事情からも、しょっちゅう会いたいというわけにはいかなくなるでしょう。

地域に仲間をつくりたくても、そのきっかけさえつかめないと嘆いている人もいるかもしれません。これまでは仕事で朝早く家を出て、帰宅するのは毎晩遅かった。地域に知り合いをつくる時間も余裕もなかった。いざ仕事を辞めて地域で仲間をつくろうとしても、どうしていいか分からない――。

これが、働き続けてきた人たちの偽《いつわ》らざる本音かもしれません。

でも大丈夫。**最近は自治体などが、長年働いてきた人を地域に受け入れようと積極的な活動を始めているのです。**

「お父さんお帰りなさいパーティ」もその一つ。これは東京都武蔵野市が平成十二年からスタートさせた活動で、「ようこそ、地域へお帰りなさい」と定年前後の人に呼びかけ、趣味のサークル活動や、ボランティア活動を展開している人と交流を図ろうという会合です。

毎年一回の「お父さんお帰りなさいパーティ」のほかに、毎月一回、講演会や座談会などのイベントも行なっており、一度参加した人が地域活動を続けやすい仕組みになっている点も、よく工夫されていると感心します。

名称上「お父さん」と言っていますが、女性やご夫婦での参加も大歓迎。夫婦一緒に出かけていく場所や機会があることも、定年後の人間関係を豊かにする大きなポイントになるはずです。

東京都では、団地の空き家・空き店舗などを利用して、地域の高齢者が誰でも立ち寄れるような、気楽な雰囲気の場所をつくろうという動きが各所で見られます。

たとえば、団地の空き店舗を利用した日野市の「百草団地ふれあいサロン」は入室料一〇〇円でお茶、コーヒーがお代わり自由。毎日さまざまな人が入れ替わり訪れて、気楽なおしゃべりや将棋を楽しんだり、新聞を読んだりしているそうです。

また、横浜市の「おやじの広場」は男性限定の集《つど》いの場。月一回、公園の中の古民家を借りて、囲炉裏端《いろりばた》で飲みながら好き勝手なことをしゃべりながらも、地域貢献の策を練っているそうです。現在では公園の清掃やログハウス造りを手伝うなど、活動の幅も広がっているとのこと。

こんなふうにきっかけさえあれば、それまで「仕事だけの人生」を送ってきた人でもスムーズに地域デビューを果たし、身近に仲間がいることを楽しむようになれるのです。

お住まいの地域にそうした場がないようなら、市区町村役場や社会福祉協議会などに働きかけ、自分で活動を起こしてみてもいいのです。長年、仕事で培《つちか》ってきた活動フィールドの拡大のためのノウハウが、必ず大きな力を発揮するのではないでしょうか。

地域主催の「生涯学習」などは積極的に盛り上げていこう

「趣味を持ちなさいって言われてもねえ」

Kさんは定年になって間もない頃、奥さんから「毎日ぼんやりしていないで、何か趣味でも持ったら」と言われてカチンときました。ただ、これまで仕事を差し引くとゼロという生活を送ってきたので、何からどう手をつければいいのか、見当もつきません。

そんなある日、暇つぶしに行った図書館で、市が主催している高齢者活動のチラシを目にし、想像以上に豊富なメニューがあることに目を見張ります。もっと驚いたのはその料金です。一般のカルチャーセンターなどの数分の一。なかには無料のものもあるのです。

「これならいくつ参加しても小遣いの範囲内でやれそうだ」

そう思ったKさんは、何種類かのチラシを手に帰宅すると、「ちょっと面白そうだな」と思う講座をマークし、片っ端から参加してみることにしたそうです。

このとき心に決めたことが一つ。

参加した以上、どの講座も一ヵ月は続けようとしたのです。どんな講座も一、二回のぞいただけでは面白味が分かるはずはないと思ったから。Kさんは多少人見知り気味のため、初めの一、二回は緊張して人と打ち解けにくい性分であることも、自分でよく分かっていました。

それから三年。

現在、Kさんは「ローマ史」と「平家物語を読む」「英語で歌おう」という三つの講座に参加しています。会費は一月一〇〇〇～一五〇〇円。市の主催なので、会場は市民センターやコミュニティ会館などでタダ、もしくは実費ぐらいしかかからないためでしょう。

意外といっては失礼ですが、先生や講師は大学の教授やその道の引退された方などが、ボランティア感覚でやっているので皆一流です。

生涯学習や高齢者のための居場所づくり、生きがいづくりには、どこの自治体も相当力を入れています。

こうした活動に積極的に参加することは、ローコストで趣味や生きがいを楽しめるだけでなく、それらの活動をさらに盛んにするため、「自ら貢献する」という意味もあるのです。利用する人が少なければ「人気がない」「需要がない」と見なされ、翌年からは予算カット、規模縮小となり、どんどん小さくなってしまいます。

次に続く「後輩」の高齢者のためにも、地域で行なっている趣味や生涯学習活動には積極的に参加してみましょう。

「おごらない」「おごられない」

——地域の人間関係の鉄則

退職してから地域の交流が生まれると、ふと道ですれ違ったり、商店街でばったり顔を合わせたりすることが多くなります。毎日の生活の場で「やあ、こんにちは」と笑顔で挨拶を交わせる人ができるのは、こんなにも楽しいことだったのかと気づきます。

職場でもない、親戚でもない。とくに上下関係もなければ、義理もしがらみもないことも、地域付き合いのすばらしいところ。それだけに、この付き合いには「お金の関係」を持ち込まないことが大事です。

はっきり言えば、おごったりおごられたりは原則としてしないこと。

「お茶代くらい私に任せてくださいよ」などと、すぐに財布を取り出す人がいるのですが、注意すべきです。老後の経済事情は人それぞれ。何人分かの喫茶店代くらい何でもない人もいるでしょう。それに相手のためにというより、人に気前よくふるまえる自分に満足感を覚えたい心理もあるのです。

しかし、どんなに少額でも、おごられたほうには気持ちの負担が残ります。なかには罪悪感や恥ずかしいと感じる人もいるでしょう。おごってもらったら「単純にうれしい」人ばかりではないのです。それが次第に積もっていけば……。次に会うのが、だんだん気まずくなってしまうのも分かるような気がしますね。

同様に「いただきものがあって、夫婦二人では食べきれないから」などと言って、立派な箱入りのお菓子などを持参するようなことも控えましょう。いただきものなどあまりない人もいるかもしれないから、です。

さらに「この間、疲れやすいと言っていたから、ニンニクの黒酢漬けを買ってきたの。よく効くから試してみて」などと、相手に頼まれもしないのに何かをあげることも控えるべきです。旅行のおみやげとはわけが違います。

いくら厚意のつもりで、悪気のないことが分かってはいても、相手にとっては「うっかり口を滑らせたばかりに気を遣わせた」と自分を責めることにもなりかねませんし、その品物もかえって「ありがた迷惑」になる場合だって考えられます。

とくに義理もしがらみもないからこそ、地域の人間関係では出すぎないことがいちばんの要点なのです。年配の人ほど気を遣うので「出すぎず、入り込みすぎず」を鉄則にするようにしましょう。

人生のベテランらしい「スマートな割り勘」を身につけよう

男性と女性がお茶を飲んだり、食事をしたりしたとします。恋人とか夫婦なら話は別ですが、**ただの友だちや知り合いならば、自分が食べたものは自分で支払うのが当然でしょう。**

なかには、そうしたシチュエーションでは男性がお金を支払うのが当然と思っている人もいるようですが、そうした関係からは「対等な人間関係」は生まれにくいと考えるべきだと思います。

前述のように、老後の友だち付き合いは割り勘が原則。ただし割り勘の仕方は簡単なようで、案外難しい。**だからこそ「割り勘はスマートに」を心がけるのは大人のマナーといえるでしょう。**

男性と女性で食事をした場合は、お店の格にもよりますが、女性がそれなりのお金を男性に手早く渡し、「お会計、お願いできますか」などと言えばスマートでしょう。あるいは小声で「ここはいったん、お願いします。外で精算させていただきますね」とする方法もあるでしょう。

先日、銀座にある高級フランス料理店でランチをしたときのこと。こうしたお店のランチタイムには、中年以上の女性が連れだって食事を楽しんでいる姿をよく見かけますが、その日はさすがに唖然《あぜん》としてしまいました。テーブルの上でそれぞれが財布を片手に、携帯電話の計算機を使って、自分が支払う分を計算し始めたのです。

決して安くはない金額ですから真剣になる気持ちも分かりますが、まだほかにランチを楽しんでいるお客もいるのです。これはあまりカッコよくありません。お店の人も、困惑の表情を隠しきれない様子でした。

こうした格式のあるレストランや料亭などでは、誰か一人がまとめて支払い、別の場所で精算するのがスマートでしょう。金額が大きくなるなら、あらかじめ支払う役の人にお金を渡しておけばいいのです。

一般的なレベルのレストランならレジに行き、「会計は一人ひとり、別々にしてください」と声をかけ、自分が食べたものを言えば、ちゃんと対応してくれるはずです。

あまり人数が多い場合や、誰が何を何杯飲んだか分からなくなってしまった場合は、「一人三〇〇〇円ずつ」などと大ざっぱな割り勘方式でいいと思います。細かなお釣りが出たら、飲む量が少なかった人に「あまり飲んでいないようだったから」と渡して終わり！　でよしとしましょう。あるいはレジの寄付金箱に入れるのもいいと思います。

お金の支払い方は、その人の心遣いや品性をあらわに示すものです。「さすがに人生のベテランは違うな」と言われるような、スマートな支払い方をして若い人の範《はん》となりたいものですね。

趣味のお金は老後もケチらない
——思いがけない行動力を生む

ライターのHさんは「超」の字がつくベテランで、二、三年前から年金ももらっているそうです。フリーが長かったので国民年金だけでは厳しい……。そこで依頼があるなかで、やりたいと思う仕事だけ引き受けて「生き甲斐《がい》プラス年金の不足分の足し」にしていると、さらりと話しています。

私は、こうしたさわやかな自足精神を持っている人がとても好きなのですが、特にすばらしいのは、彼女は何から何までケチに徹していないこと。**限られた枠の中で、自分の趣味にはけっこう大胆にお金を使っている。**その絶妙なバランス感覚が何とも素敵なのです。

彼女の趣味は「書」です。大河ドラマを見ているうちに、題字《だいじ》（表題）の文字に強く心を惹《ひ》かれ、自分もこんな味わいのある字が書けたらどんなにうれしいだろうかと、「六十の手習い」で書を習い始めたそうです。

最初は通信教育からスタートしたそうですが、今は先生について中国の古書や日本の古い和歌集などの文字を懸命に稽古《けいこ》しています。

先生につくようになって分かったのは、「弘法《こうぼう》、筆を選ばず」ではなかったこと。筆、硯《すずり》、墨、紙など、上手な人はちゃんと吟味した道具を使っていることに気づいたとのこと。

「上を見ればキリがない」という世界のようですが、彼女はそれを少しずつ揃えているそうです。とりわけ硯を手に入れたときの話は、なかなか素敵です。硯の最高級品は「端渓《たんけい》」という品だとか。端渓は中国広東省にある渓谷《けいこく》で、ここで原石が掘り出されるそうです。日本では非常に高価でちょっと手が出ない。すると彼女は書の仲間に声をかけ、広東まで硯を買いに行ってきてしまったのです。その結果、日本よりはるかに安い値段で手に入れることができたとか。硯の名産地だけに、筆や墨などの書の道具や古書の写しなども豊富に揃っていて、ほかにもいい買い物ができたそうです。

「旅行代金を入れたら、かえって高くついたかもしれないけど……」と言いながら、「旅も楽しめたと考えれば一石二鳥ですね。でも、しばらくは節約しなくっちゃ！」と笑う顔には、ちっとも陰がありません。

仲間と始めたボランティア活動
――新たな生きがいの発見

六十八歳のGさんが老人ホームを回って、お琴《こと》の演奏を聞いてもらうようになったのは、ひょんなきっかけから。

Gさんは共働きで子育てをしている娘さんをサポートするため、お孫さんの保育園の送り迎えを引き受けていました。そこで、同じくお孫さんの送り迎えをしているWさんと顔なじみになり、自分たちの子どもの頃の話をしているうちに、二人とも子どもの頃にお琴を習っていたことが分かったのです。

そんな話が保育園の先生の耳に届き、それから話はさらに発展して、老人ホームで演奏してくれないかという話になったそうです。

演奏といっても『さくらさくら』とか『この道』『夕焼け小焼け』などの昔懐かしい童謡や昭和の懐《なつ》メロのわりと簡単な曲のほうが人気があるので、サビついていた腕でも何とかなるのだとか。その代わり、いままであまり弾いたことがなかった曲なので、二人でしょっちゅう会うなど練習に余念がありません。

老人ホームには合唱やシャンソン、ピアノ演奏などのボランティアが多いのですが、お琴は珍しいので、お年寄りには大好評だということです。

「もう一つ、よかったのはね」とGさん。それまでタンスに眠っていた着物や自分のお母さんが遺《のこ》してくれた着物を着る機会ができたことだと、にっこり微笑《ほほえ》みます。

「もったいなくて、捨てるに捨てられなかったんです。娘に見せても、いらないと言われちゃうし」

眠っていたものが日の目を見る――。これもモノを生かすことに通じているという点で、大きな意味での「節約」といえるでしょう。

お琴演奏のボランティアを始めてからもう三年。ボランティアを始める前はランチだ、お茶だと言っては出かけたり、何となくバーゲンをのぞいてはチョコチョコ無駄使いをしていたそうですが、最近は練習や準備もあってそんなことはほとんどなくなったと気づいたそうです。

またJさんは、そろそろ八十代に手が届こうかという年代ですが、週に二回、市のシルバーセンターに足を運んで、布ぞうりなどの小物作りをしています。

シルバーセンターには、不要の着物や洋服などが届けられ、ボランティアスタッフはそれを再生して、お手玉や布ぞうり、小物入れなどを作るのです。

完成した作品は近くの市役所のホールで展示・販売され、売れた半金《はんきん》は作った人の手元に、残りの半金は市に寄付する決まりです。

これまで何十年も生きてきたのですから、誰だって何かできることがありま

す。それを生かして人の役に立ちたい――。その気持ちが、人生に張りを与えるのだと思います。

小さい仕事をバカにしない――とにかくやってみる、続けてみる

知人のお父さんは八十歳を迎えるそうですが、現在も「自分の小遣い分は自分でしっかり働くよ」と言うそうです。

公務員として定年まで勤め上げ、その後はしばらく「毎日が日曜日」とばかり、仕事をしなくてもいい日々を楽しもうと考えていたらしいのですが、やがて、やることがない毎日は張り合いもないことに気づきます。

それから懸命に仕事探しをした結果、やっと見つけたのは、ある会館の売店の店番でした。やはり定年を迎えた人と一日おきのシフト勤務です。

第一週は月・水・金、次の週は火・木の二日、つまり一ヵ月で十日程度、朝十時から夕方五時までの勤務で毎月三万五〇〇〇円という条件。

時給にすると「情けなくなるほどの金額だ」と嘆き、けっこう悩んでいたそう

ですが、結局は引き受ける決心をしたといいます。

それからもう十年以上。給料はちっとも上がらないけれど、この仕事に大感謝しているというから、変われば変わるものです。

感謝のポイントの第一は、毎日誰かと顔を合わせ、いろいろな話ができるので退屈知らず。第二に、一日おきの勤務なので体に無理がなく、高齢者にとっては最高のシフトであること。第三に、今でもちゃんと仕事をしてお金を得ていることに誇りが持てることだそうです。

とはいえ、もうすぐ八十歳になるので、知人が「そろそろ仕事は辞めたら」と勧めたところ、

「会社を辞めて初めて身に沁みたんだが、お金を得るのは並大抵のことじゃないんだね。何もしなければ一円だって手に入らない。何かの形で人の役に立つ。社会に貢献していなければ、誰もお金はくれないからね。

反対に言えば、毎月、お金をいただくと、これっぽっちかというような少額でも自分としては、『今月もちゃんと仕事をしたんだ、社会の役に立っているんだ』と誇らしい気持ちになれるんだよ。

この年で、小遣い分をちゃんと働いているなんて、我ながらよくやってるじゃないかと胸を張りたいくらい。まあ、向こうから辞めろと言われるまでは働かせてくれよ」

と言われてしまったそうです。

特別な技能や人脈、経験を持っていない限り、定年の人に仕事の話があるだけでもラッキーだと思うくらいでちょうどいいのではないでしょうか。

仕事の話を持ちかけられたら、自分の期待したような仕事ではなかったとしても、けっしてバカにしないこと。割に合わないなどと、にべもなく断ってしまうのはもったいなさすぎます。また、高齢でも小さな仕事を続けている人に尊敬の念を持つこと。

とにかくやってみる。続けてみることです。案外、小さな仕事のほうが年を重ねても長く続けられるケースが多く、結果的には「やってよかった」となる公算は大だと思います。

「パック旅行」よりも思い出が残る「個人旅」を夫婦でぜひ

定年後に、夫婦で旅行三昧という人も増えています。

幼なじみのAさんもそんな一人です。Aさんは、五十代の初めにハードワークで知られる金融業界から、半官半民のセミトップに転職しました。今度の職場では有給休暇を自由に取れるようになり、毎年一、二回、奥さんと一週間くらいの海外旅行を楽しむようになったとか。

旅行はいつも、旅行代理店が売り出すパックツアー。「パリにも行ったし、スイスにも行った……。だんだん行くところがなくなってきてしまってね」と、ご機嫌なのですから文句をつけることはないのですが、バスに揺られて名所から名所へと移動。目的地では旗を振ったガイドの後をついていき、短い自由時間に大急ぎで買い物。そして、またバス上の人に……。

これでは、旅の醍醐味である異国との「ナマの触れ合い」など望むべくもないでしょう。

そこで私は、「もう海外旅行にもかなり慣れてきたんだから、一度、パック旅行じゃなくて、個人旅をしてみたら」と勧めてみました。

「うーん、英語にも自信はないし……」などと最初はためらっていましたが、ついにロンドン郊外のミニホテルを予約すると、格安チケットを買って出かけていきました。

「いやあ、失敗だらけの珍道中でね。でも、おかげですごく楽しかったよ」

帰ってきたその日に、弾んだ声で電話がありました。数日後に一杯やろうと会ったところ、写真片手に次から次へと話が広がり、止まるところを知りません。とんちんかんなミスやハプニングもあった様子ですが、帰国してみると、それが旅の最大の思い出になっているんだと愉快そうに話します。

パック旅行ではときどき夫婦で小さなケンカもあったそうですが、今回の個人旅では頼れるのはお互いだけ――。

危険や不便、心細さや不安を味わうこともいろいろありましたが、それをどう解決していくかを夫婦二人で体験することと以上に、お互いの距離を縮めるものはないのです。定年後の旅行を、どんどん経験すべきではないでしょうか。

Aさん夫婦もそれを味わって、想像以上にエキサイトしたようです。街を歩くときも、「いやあ、手なんか組んじゃってね」とまんざらでもなさそうです。パック旅行の生みの親は、旅行業の創始者といわれるイギリスのトーマス・クック。禁酒論者であった彼は、一八四一年、酒に代わる娯楽として、鉄道を用いた団体旅行を生み出しました。

以来、世界各国に同じような方式が普及していることから、時間的にも経済的にも非常に効率的な旅行法だというのが分かります。

でも時には「効率重視」のパック旅行から離れ、あえて非効率的な個人旅行をしてみてはいかがでしょうか。Aさん夫妻のように失敗だらけだとしても、終わってみればその思い出はどっさり、という旅を経験できるはずです。

もう一歩進んで、「B&B」に泊まってみるのも楽しいものです。B&Bとは「Bed & Breakfast」の略で、日本でいえば朝食付きの民宿にあたります。

普通の家庭で、空いている部屋を旅行者に提供していることが多く、奥さん手づくりの家庭的な朝食を出してくれるうえ、宿泊料金はかなり割安……と絶対におトクな旅といえるでしょう。

以前は、日本からB&Bを予約することは難しかったのですが、ネットが発達した現在ではメールのやりとりで大丈夫。B&Bのリストや連絡先は、それ専用のサイトなどから手に入ります。

おみやげのお返しのお返しの「不毛な流れ」にストップを

ここだけの話ですが、旅行のおみやげをもらって、本音でうれしかったことはあまりないのではありませんか？

職場などで、全員に小さなお菓子が一個ずつ行き渡るくらいならばいいのですが、夫婦二人のところに、箱入りまんじゅうなどをもらっても持てあますだけ。おまけに「名物にうまいものなし」ともいうくらいで、あまりおいしいものには出合ったことがない……。

では食べ物はやめようと、キーホルダーなど選んでみても、これも子どもっぽいモノが多かったりします。

使っていなければ悪いからと、いい年をして何本ものキーホルダーを「ジャラジャラ」とぶら下げなくてはならない……なんて羽目にもなります。

それにしても、日本人は本当におみやげが好きですね。日本人はなぜこんなにおみやげ好きになったのでしょうか。

欧米ではおみやげはスーベニールといい、「記念品、思い出の品」という意味を持っています。つまり欧米の人はもっぱら、旅の記念になるものを「自分のために」買うのです。海外の観光地で、小さな置物などがいっぱい売られているのはそのためなのですね。

それに、人からもらえば、お返しをしなければならないという気になります。お返しをもらうと、今度はそのお返しにお返しをする……。**こうした不毛な流れにストップをかけるためにも、まず自分から他人へのおみやげを買うのをやめてしまいましょう。**

「おみやげ話」という言葉があるくらいです。家族など親しい人には、楽しかった思い出や心に残った感動などを伝えれば、それで十分ではないでしょうか。

どうしてもの場合は、「観光客向け」ではない地元の食べ物を

家族は、私が九州に出かけるというと「また、明太子《めんたいこ》を買ってきてね」と目をキラキラさせます。

でも私が買ってくるのは、空港の売店で売っている有名ブランドの高価な明太子ではなく、地元のスーパーで買ってくる「徳用品」。さすが本場だけあって値段の割にぎっしり詰まっており、味も上々なのです。

こういうひねりの効いたおみやげなら、大歓迎ではないでしょうか。

北海道に行ったら、地元の市場やスーパーに足を延ばして、足が一、二本取れてしまったような「わけあり」の蟹《かに》を買ったり、東京では考えられないような安さで売られているウニやホタテなどを買うようにしています。

わが家が特別なのかもしれませんが、「これ、〇〇円だったんだ」と値段を発表すると「わあ、信じられない」と、ひときわ盛り上がるのも恒例です。

現地の地元ならではの新鮮な味に加えて、このおトク感は旅のおみやげという

より「旅の余禄《よろく》」という感じです。

学会などで海外に出かけた場合も、時間が許すかぎり地元のスーパーに足を運びます。まず手に取るのが、その国ならではの名物料理のレトルト食品など。これも帰国後に家族で味わうと、話が盛り上がります。

イタリアに行けば変わった形のパスタ、フランスやイギリスならチーズを山ほど買い込みます。関税の関係で、日本の何分の一かの価格で買えるからです。アメリカではビーフジャーキーがおいしいのですが、残念ながら肉類は日本へは持ち込み禁止なので断念。ドライフルーツや、バリエーション豊富なレトルトスープなどをよく買います。

どうも私は、こうした食のおみやげは他人に対する心遣いというより、旅の楽しさを自分がもう一度反芻《はんすう》したり、家族で実際に味わってみたりするためのものと考えていると気づいていますが、「それはそれでいいのだ」とも思っています。

形式的な贈答習慣を見直す
――本当の人間関係の大切さとは？

「老後になっても、冠婚葬祭や交際費はちっとも減らないから大変だよね」

そんな話を耳にすることがよくあります。最近は長寿時代なので孫の結婚式に祖父母が参列することも、ちっとも珍しくなくなりました。

家族の冠婚葬祭についての考え方は、次章以下に書きますが、日本人は「人間関係にお金を使いすぎる」傾向があるように私は思います。それに、だからといって必ずしも人間関係を大切にしているとは思えない場合が多いのです。

お中元、お歳暮なども、まだまだ盛んです。

お互いに似たようなものを贈り、贈り返す。商業主義に踊らされているといえば言いすぎかもしれませんが、**こうした形式的な交際からはそろそろ卒業してもいい**――。特に老後は義理やしがらみから解放され、もっと実質本位の人間関係を大事にしていけばいいと思います。

数年前に退職した同僚のセラピストは、四国の実家に帰り、地域医療を手伝いながらのんびりとした日々を過ごしています。

お中元やお歳暮に疑問を挟んでおいてと言われそうですが、私は冬になると、彼女から宅配便が届くのを心のどこかで待ち望んでいます。彼女の住む地方ではきんかん栽培が盛んなのだそうです。

彼女は、無農薬栽培をしている農家を選び、きんかんを求めると、それを甘く煮て医局に送ってきてくれるのです。ほどよい甘さはお茶受けに最適で、きんかんが届いた日には、ひとしきり彼女が在籍していた頃の思い出話で盛り上がります。

年に一、二度、お互いのことを思い合うという意味ではお中元、お歳暮の習慣にも捨て難い点はあると思います。

けれども同じ贈るならこんなふうに、儀礼的なものや通り一遍のものではなく、その人ならではのものを贈り合いたい。きんかんの煮物が届くたびに、そんな思いを強めています。

飲み会をやるなら「うち飲み」で
——仲間づくりの拠点にも

アメリカ生活を経験してから、私は形式に囚われず、率直で背伸びもしなければ無駄な気遣いもしない人間関係のあり方に心惹かれるようになっています。

飲み会をできるだけ派手にやろうとするのも、日本社会の特徴かもしれません。「ノミニケーション」などという、珍妙な言葉まで作り出してしまったくらいですから。

アメリカの研究室でも、研修ローテーションが終わるたびにパーティをしますが、パーティといっても研究室でコーヒーを飲み、ケーキを食べるくらいです。車通勤が当たり前という事情もあったのでしょうが、拍子抜けするくらいあっさりしたものでした。誕生日などもお祝いをしていましたが、プレゼントは紙袋に包んだ質素なもの。

お互いの家に招いたり、招かれたりも盛んですが、手みやげはワインをぶら下げて行くくらい。日本のように、菓子箱を持参するというような堅苦しさはありません。でも、徹底的に明るく楽しく盛り上がるのです。

日本でも、そんな感覚で飲み会をしている人がいます。

ある会合で出会ったTさんは、地域で知り合った仲間とときどき「うち飲み」をするんだと自慢していました。三年前に奥さんを見送り、現在はひとり老後。誰にも気兼ねがないことを前向きに解釈して、「仲間づくりの拠点代わりに使ってくれ」と自宅を場所として提供しているのです。

ビールやお酒、簡単なおつまみ代に一〇〇〇円程度を徴収していますが、「これ、みんなで食べようと思って」などと何かを持ってくる人や、奥さんが作ってくれた煮物、おにぎりなどの差し入れもあり、ささやかながら大満足の飲み会になるそうです。

「うち飲み」は単にお金がかからないことだけでなく、お店などとはくつろぎ感がまったく違うものです。

くつろぎ感が高まれば、それだけ人の心は近づきやすくなるでしょう。「うち飲み」を始めてから、Tさんは地域に親しい仲間がたくさんできて、ひとり老後でも寂しさを感じたことはほとんどないそうです。

第6章

家族に何を遺すべきか

お金には代えられない思いと絆

家族へのいちばんの贈り物
──一緒に過ごす時間と思い出

「年を取ってきて、私は本当に親不孝だったとようやく気がついたんですよ」

あるナースが、ポツリとこう漏《も》らしたことがありました。

彼女は、職場でもよく話題になるくらい親孝行で知られた人です。特に生活に困っているわけではなさそうな両親に、毎月お小遣いを送り、おいしい食べ物や暖かそうな衣類、寝具を贈ることもしょっちゅう。

ご両親が元気な頃は二人分の費用を払って、あちこちへ旅行に送り出していたとも聞いています。お芝居が好きなお母さんには、贔屓《ひいき》の役者の公演のたびに席を取って、お小遣いも付けて楽しんでもらっていたそうです。

ナースは特に多忙な仕事です。加えて彼女は共働きで、二人のお子さんも育てていました。その忙しさの中で、両親にこれだけの心遣いなど、なかなかできるものではないと私も感心しきりでした。

ところがある日、彼女からこんな話を聞いたのです。

数年前にお父さんを、昨年お母さんを見送った彼女は、いまでも両親、特にお母さんの夢を見て、時には夜中に目を覚ますことがあるというのです。

「私は忙しさにかまけて、両親と一緒に時間を過ごすという思いに欠けていたんです。両親が揃っていた頃はともかく、母が一人になってからも旅行やお芝居に一緒に行くこともなく、一緒にご飯を食べる機会もあまり持てなかったんですね。何て親不孝をしちゃったのかと、今頃気がついて……」

そういえば、電話をかけると「今度はいつ来れるの？」とか、芝居の切符を送ると「あなたは来ないの？」などと何度も尋ねられたとか。その言葉の奥に、「本当は一緒に行きたいのよ」という思いが隠されていたのでしょう。

年を取れば取るほど、モノやお金よりも、子どもや孫と一緒に過ごす時間のほうがうれしい――。これが高齢の親の本音ではないでしょうか。

一方、知人のEさんは古希《こき》を迎えたのを機に、思い切って子どもの家族全員を引き連れてハワイ旅行に出かけてきたそうです。「一財産、使っちゃったよ」と、何ともうれしそうです。

「思い出はプライスレス」というCMを見たとき、子どもに小金を残すよりも、とびっきりの思い出を残したほうが、後々の子どものためにいいと考えたのだそうですが、なかなかのアイディアだと感心します。

長い人生を充足させてくれるのは、何といっても家族です。ハワイとまではいかなくても、家族の思い出づくりのための出費は、優先順位の第一に置いてもいいのではないか。私はそう考えています。

「団塊世代」から定年後の夫婦関係に変化
——絆を結び直す

老後になって、夫婦が背を向け合って暮らすことほど大きな損失はないでしょう。

ひと昔前に比べると、定年後を迎えて夫も妻も自由になる時間はたっぷり。**この時間を夫婦で楽しまなければ、それまで苦楽をともにしてきた意味が半減してしまうではないですか。**

昔から「親子は一世、夫婦は二世」という言葉があるように、夫婦は親子よりも縁が深い関係だというのです。

考えてみれば、親子は互いに選ぶことができない関係ですが、夫婦はお互いに相手を選び、さらに苦労や努力を重ねて二人の関係を築き上げ、運命を共有する「意志的」な関係です。

こんな関係はほかになく、夫婦には深い縁《えん》があるという考え方もよく理解できるような気がします。

定年を迎える頃には夫婦の歴史も三十年以上のことが多く、二人で過ごしてきた年月はこれ以上ない価値となり、これからの人生の支えになっていくはず。

近年は「定年を迎えると、夫婦関係も危機を迎える」と言われたものですが、団塊世代が老後入りをするあたりから、様子は少し変わってきています。同じように二人で過ごすならば、できるだけ老後を一緒に楽しもうという動きが見られるようになってきたのです。

定年後、夫婦関係を「よりよいものにしよう」という意志を持ち、努力している人が増えていると考えられるのではないでしょうか。

定年を迎える年になって夫婦関係がギクシャクしているとしたら、ほぼ一〇〇パーセント、お互いの情報不足、理解不足が原因です。

妻は夫が長いこと、家庭に関心を持とうとせず、外で勝手なことをしていると考えてきたかもしれません。反対に夫は、妻は家で好き勝手にのんびり過ごしていると考えてきた……。

そうした思いの陰で、実はそうではないこと、そんなことはあるはずがないことも自分で分かっているのではないでしょうか。これまで、夫は家族のために仕事を一生懸命してきたのであり、妻は子育てや家計のやりくりなどを頑張ってきた……。

そうしたお互いの頑張りを認め、素直に「これまでありがとう」と言ってみてはどうでしょうか。

内心ではなく、心の底にある本当の思いを口に出してみる。こうするだけで、どんな夫婦も「前よりいい夫婦になれる」はずです。

老後こそ、夫婦であることの幸せを味わい尽くす「収穫の時期」なのです。そうしない、そうできないなんて、これ以上もったいない話はありません。

老後の最高の養生は「夫婦仲よく過ごす日々」

江戸時代、いかに健康に暮らしていくかをあらゆる角度から詳細に紹介した書があります。

それが『養生訓《ようじょうくん》』です。著者の貝原益軒《かいばらえきけん》は、妻の東軒《とうけん》と絵に描いたような「理想の夫婦生活」を送った人としても知られています。

益軒は寛永《かんえい》七（一六三〇）年、現在の福岡県にあたる筑前《ちくぜん》黒田藩の書記役の五男として生まれます。幼少時から頭脳明晰《めいせき》で知られ、家にあふれていた書物をむさぼるように読み、十代初め頃には幅広い知識を身につけて評判になったそうです。やがてこれが認められて、五男であるにもかかわらず、十九歳で藩の御用学者として仕官の道が開けました。

その後、多少の紆余《うよ》曲折を経ながら「余人《よじん》に代え難し」と言われて長く職にあり、七十一歳でようやく退官を許されます。

益軒が自分の人生を思う存分に楽しみ出したのは、それからなのです。益軒は三十九歳と当時としてはかなりの晩婚でしたが、二十二歳年下の妻・東軒とは人も羨《うらや》む仲睦《むつ》まじさで、在官中も二人連れだって諸国を旅してまわっています。

二人は共通の趣味を持っていました。益軒は琵琶《びわ》、東軒は箏《こと》の名手。益軒の還暦の祝いの席では、二人で合奏を披露《ひろう》したそうです。

退官後、益軒はさらに書物の著述に没頭しますが、かたわらで東軒がかいがいしく清書をしていたと伝えられます。著述の合間には音楽や芝居、旅に遊び、友人との交流を楽しんで暮らしますが、益軒あるところには必ず東軒の姿があり、「粋《いき》な夫婦」と評されていました。

ところが正徳《しょうとく》三（一七一三）年、益軒が八十四歳のときに、ずっと年下だった東軒を先に喪《うしな》います。益軒はしばらくの間、気鬱《きうつ》になったのかと心配されるほど落ち込みますが、やがて気力を取り戻すと『養生訓』を上梓《じょうし》。しかし、東軒の後を追うように八十五年の生涯を閉じました。

享年《きょうねん》八十五は、当時としてはめったにない長寿です。しかも執筆活動に余念がなかった……。**老後の最高の「養生」は夫婦仲よく過ごすことであると身をもって示し、人生の最後まで心身ともに健康に、意気盛んに生きたのです。**

もちろん夫婦の日々は、それまでの長い人生の延長線上で続いていきます。いきなり、益軒のような夫婦になれといわれても無理かもしれませんが、定年後の日々を寄り添い、できるだけ夫婦の共通体験を増やしていくよう心がけていけば、これ以上ない豊かな人生の実現に向かっていくことができるはずです。

夫も妻も自立する——どんな場合も最後まで支え合えるように

福岡市の金龍寺《きんりゅうじ》にある益軒の墓は、妻の東軒の墓と並んで建っています。この二つの墓は形も大きさもまったく同じです。

当時、女性のお墓はひっそりと小さいのが普通だった時代です。この墓から考えても、益軒が妻を自分と同等の人格と見なしていたことが窺《うかが》われます。

「夫婦同格」であること——。これは、心豊かな老後の第一条件といってもいいくらいでしょう。

ここで男性にお尋ねします。奥さんを「お前」と呼んでいませんか。長年、「お前」と呼んで違和感がないという人は、どこかで女性を上から目線で見ている傾向があるといわれます。

今後も「お前」と呼び続けるかどうかはともかくとして、妻が自分に従うのは当然だという考え方をしていることに気づいたら、これから先の長い老後、仲睦まじくとはいかないと大いに反省すべきです。

団塊世代は「男子、厨房《ちゅうぼう》に入らず」という人は減り、料理にも関心を持ち、なかには「○○ならオレに任せておけ！」と自慢の腕をふるう男性も増えているようです。

でもあえて反論を唱えれば、これでは一種の「イベント料理」にすぎません。家事としての料理は毎日、朝・昼・夜、明けても暮れても繰り返し台所に立ち、疲れて体調がよくない日でもそれなりにこなし、栄養や予算、時間の制限も考え、さらに後片づけまできちんとして、はじめて完結なのです。

洗濯も、洗濯機に放り込むのなら子どもにもできます。洗い終わった洗濯ものを形を整えながら干《ほ》し、乾いたらきちんとたたみ、アイロンをかける必要のあるものはそうして収納場所にしまう。ここまでやっているでしょうか。

ほかにもゴミの分別、近所から回覧板が回ってきたらどうするのか、町内会のお付き合いは……など、これらを全部クリアして「家庭生活」は成り立っているわけです。

一方で妻のほうも、税金の還付《かんぷ》請求書類をつくるとか、老後資金の管理などを夫任せにして、自分は「ややこしくて分からない」「どうせ夫が決めるから」などと思ってはいないでしょうか。

老いは確実に進んでいきます。これは避けられない宿命です。**やがてどちらかが病気になったり、身体機能が衰えてきたとき、それを支えることも夫婦としての役割だと考えなくてはいけないのです。**

夫婦それぞれが自立することとは、どんな場合も最後まで支え合って生きていくという「決意表明」だと言い換えることができるかもしれません。

教育こそが一生の財産 ——子どもが「選んだ道」を進ませる

Xさんは、団塊世代より一世代前に薬剤師になった人です。実家が薬局だったわけではなく、平均的なサラリーマン家庭だったとか。

薬剤師になるには大学に進まなければならず、兄弟も多い時代だったので、両親の負担はけっして小さいものではなかったでしょう。

それでも薬剤師になりたい気持ちを抑えられず、おずおずと両親に進路についての希望を話したところ、ご両親はこう話して賛成してくれたそうです。

「うちはこれといった財産は残してやれないから、子どもに教育だけはつけてやりたい。これと思う道を進んでいきなさい」

それから有為《うい》転変——。高度成長期もあればバブル沸騰期もありました。やがてバブルは崩壊し、家や株などの財産は時代とともに翻弄《ほんろう》されたけれど、身についた教育や資格は揺らぐことなく、Xさんの「一生の財産」になっています。

でも間違えないでください。薬剤師になったからお金が儲かり、一生の財産になったということではありません。自分が信じる道を進むことができ、その仕事を通じて、Xさんは充実感や生きがいを持つことができた。これが一生の財産なのです。

Xさんは自分が親から受け取った教育こそが、一生の財産であるという考え方をわが子にも貫き、自分ができる最大限の後押しをして、二人のお子さんをそれぞれが選んだ道に進ませたそうです。

この本の読者である年齢層には、子どもの教育はだいたい終わったという人が多いかもしれません。**でしたら、その次の世代、お孫さんの教育に持てるものを注ぐというのはいかがでしょう。**

最近、孫の教育資金に祖父母がお金を出す場合、一五〇〇万円までは贈与税が免除されることが法的に認められるようになったのはご存じでしょうか。

次の項で、それについてくわしくお話ししましょう。

孫の教育資金一五〇〇万円まで「非課税」の制度について

税制改正により、祖父母から孫に一五〇〇万円まで、教育資金を非課税で贈与できるようになりました。

ジジババの間では「お宅、一五〇〇万円ある？　うちなんか孫から督促《とくそく》されちゃったよ」などと、笑い話というにはやや微妙な会話が交わされることも増えているそうです。

日本銀行が発表した二〇二三年の「資金循環《じゅんかん》統計」によると、家計の金融資産残高は十二月末時点で、過去最高の約二一四一兆円。その六〇パーセント余りを高齢者が保有しているのです。

教育資金の税制改正は、高齢者の潤沢《じゅんたく》な資産を若い世代へ贈与させ、社会に出回るお金を増やし、経済を活性化しようという狙いで生まれた制度です。

具体的には、**教育資金に限って、祖父母がみんなで孫一人あたり一五〇〇万円まで非課税で贈与できるというもの。**

といっても話は単純ではなく、実際には信託銀行などに「専用口座」を作って入金しておき、必要なときに引き出す方式になっています（孫と祖父母の間で将来の教育資金を一括して贈与する契約を結ぶ）。

対象は三十歳未満の孫。引き出すときには、何に使用するのかが明確に分かるように領収書などを銀行に示すことが義務づけられています。また、入金された一五〇〇万円は祖父母が亡くなった後も使えます。

認められる範囲は原則として幼稚園、保育園、小中高校、大学などの入学金や授業料。また修学旅行、遠足の費用、さらには塾や予備校、ピアノ、水泳などといった習いごとの費用も認められます。ただし、学校以外の支払いは上限五〇〇万円までと決められています。

一方で下宿代、参考書代（本屋の領収書）は本当に学業のためかどうか見きわめがつきにくいので、認めないとされました。また、この制度は時限措置で、適用されるのは現在のところ二〇一三年四月から二〇二六年三月末までとなっています。

また、一五〇〇万円の信託預金が使いきれずに残った場合は、相続税よりも重い贈与税が課せられることになっているので注意が必要です。

この制度発足の話を聞いて、私自身の考え方は微妙です。

「孫はかわいい。特に教育資金なら、実際に一五〇〇万円ものお金が余裕であるのなら快《こころよ》く支援したい」という気持ちがある一方で、孫の教育費を支援できる祖父母はいいおじいちゃん、おばあちゃんに。支援できない祖父母は、家族や周りから肩身が狭い……。

そんな「格差の温床《おんしょう》」になりそうな気がするのです。

加えて、ただでさえ日本の子育てはお金がかかりすぎるという風潮を、さらに強くしそうな気もします。

文部科学省が発表した令和三年度の「子どもの学習費調査」によると、幼稚園から高校までの十五年間にかかる授業料、教材費、給食費、制服代、習いごと・塾の月謝などは、すべて公立を選んだ場合でも約一五七万円、すべて私立を選んだ場合は約四四七万円かかるそうです。

さらに大学に進学すると、卒業までの費用は国公立大学で四八一万円、私立大学（文系）で約六九〇万円、私立大学（理系）で約八二二万円（大学の費用は日本政策金融公庫、二〇二一年発表による）かかるそうです。

制度の是非はともかく、こうした教育費用の現実問題として、祖父母の支援が可能であれば、子どもや孫世代にとって大きな力になるでしょう。

この制度を利用するなら、その前に親子、孫（の年齢にもよりますが）が将来の教育とお金について十分に忌憚《きたん》なく話し合うよい機会であると考え、そのうえでこの制度を利用するかどうか、それぞれの状況・事情に応じて、慎重に結論を出すようにすべきだと思います。

孫の欲しがる「ポケット」にならない
——お互いに不幸になる

前項の続きですが、こうしてしっかり孫に教育資金を残すのは生きたお金の使い方といえるでしょうが、それでもやはり、**やたらと気前よく孫の顔を見るたびに「小遣いをやろうか」とお金を与えたり、高価なおもちゃを買い与えるのは控えるべきです。**これでは買っているのは、孫の歓心《かんしん》のような気がします。

さて最近の子どもは、「シックスポケット」を持っているとのこと。両親のほかに父方の祖父母、母方の祖父母の計六人が、その子のためにお金をふんだんに使ってくれるというわけです。

さらに、シングル（独身）のおじ・おばでもいれば、エイトポケットとかテンポケットと、孫に注がれるお金はさらに膨らんでいきます。

孫が生まれた頃は、仕事も現役で収入もたっぷりあったという人も少なくないでしょう。私にも孫がいますが、孫は子ども以上にかわいく、元気も運んできてくれます。それでつい甘くなり、孫の喜ぶ顔を見たい気持ちも強く、ねだられれば少々高いものでも「二つ返事」で買い与えてしまうのでしょう。

そのうちに、モノより現金を欲しがるようになり、それでも大甘のジジババは孫に会うたびに、ついお金を渡してしまう……。

これでは、結果的に孫の心をお金でつなぎ止めていることで、孫を愛するという気持ちが卑《いや》しいものになってしまいます。お金をあげなくなったら、孫が寄りつかなくなった――。そんな寂しいことにもなりかねません。

「子どもを不幸にするいちばん確実な方法は、いつでも何でも手に入るようにしてやることです」

ルソーは著作『エミール』の中でこう言っています。

これはある人に聞いた話の受け売りですが、イギリスでは貴族など上流家庭はわが子を親が育てることはしないそうで、「ナニー」と呼ぶ乳母《うば》が育てる習慣があるとのこと。母親が社交に忙しいこともありますが、どうしても甘やかしてしまうから、という理由も大きいと聞きます。

食事もナニーと一緒に食べますが、子どもには贅沢《ぜいたく》な食事を与えず、わざと粗末で味もおいしいとはいえないものを食べさせるのです。

上流家庭の子弟が行く名門校は全寮《ぜんりょう》制が普通で、ここでも徹底的に、粗末と言いたいくらいの質素な食事、暮らしをさせます。そうしなければ「骨のある人間」には育たないと考えているからです。

孫を不幸にしたくないのなら、孫の親、つまりわが子と話し合い、孫に与えるもののルールをつくるといいと思います。財布のヒモを締めることは、むしろ孫のため、孫への愛情でもあると、しっかり理解しましょう。

知人の場合は、現金をあげるのはお年玉だけ。あとは誕生日とクリスマスには予算を伝え、孫の希望のものを買ってあげる。ほかには入園や入学の節目だけ、ランドセルや机など必要なものを買う――と決めたそうです。

とはいえ、この取り決めでは我慢できなくなることもよくあるそうです。実は我慢できないのはジジババのほうで、孫に何か買ってあげたくて、うずうずしてしまうのです。

そこで知人はただ一つ、買ってもいい例外を設けたそうです。もちろん、親と相談のうえですが、例外に選ばれたのは本。それも毎回、一冊だけが約束です。

「なんだか高い図鑑を買わされちゃったよ」などと口ではグチりながら、知人は自分が買ってあげなければ孫が読むこともなかっただろうと、けっこううれしそうな顔をしています。

祖父母が、小さな孫に伝えるべき「自然と生きる知恵」

ふとテレビをつけたら、幼稚園児くらいの小さな男の子が二人、畑仕事をしているシーンが映し出されました。あまりにかわいいのでつい引き込まれて見入ってしまったところ、この男の子たちはタレントの桂菊丸《かつらきくまる》さんのお孫さんでした。

菊丸さんは現在、静岡で田舎暮らしをしていて、ときどき訪れるお孫さんたちに、遊びながら、でもしっかりと、自然とともに暮らす知恵や歓び、楽しさを教えているそうです。

春になるとお孫さんと一緒に土を耕し、サツマイモの苗を植えます。その後、遊びに来るたびに、雑草を抜いたり肥料をあげることなどを手伝わせます。こうしてイモは人がかわいがってあげなければ、大きく育たないと教えるのです。

畑仕事に飽きたら、森の中で間伐材《かんばつざい》や古タイヤで菊丸さんが造ったフィールドアスレチックで疲れ果てるまで遊び放題。お孫さんたちがキャッキャと歓声を上げて飛び回る様子は、羨ましいほどのびのびとしています。

次のフィルムは、秋が深まった頃の映像です。菊丸さんの家に遊びに来たお孫さんは、まず春に植えたサツマイモの収穫、それからマキ割《わり》です。

菊丸さんが割ったマキをネコ車（一輪車）に載せ、マキ置き場までえっちらおっちら運ぶと、子どもたちのママが片っ端からきれいに積み上げます。

菊丸さんが住んでいるあたりは、冬は零《れい》度以下になるそうで、マキストーブを焚《た》かないと家のすみずみまで暖まらないのだそうです。冬にも菊丸さんの家に遊びに来たことがあるお孫さんは、秋の間にみんなで力を合わせて冬の支度をしておかないと、寒い冬を暮らせないことを体で知っていくのです。

おやつは、前もって掘り上げて天日《てんぴ》にかざした干しイモ。画面から香ばしさが伝わってくるほど、おいしそうでした。

実は、サツマイモは収穫直前にイノシシに全部食べられてしまったのですが、心やさしい菊丸さんはお孫さんが来る前日、近くの農家で収穫したてのイモを買ってきて畑に埋めておくという策を講じたそうです。

そんな知恵も含めて、菊丸さんの最高のおじいちゃんぶりに、私はすっかりテレビの前で釘づけになってしまいました。

本来、祖父母など長い年月を生きた人間は、孫世代に自然と共存しながら生きる知恵を教える存在だったはずです。**誰でも菊丸さんのように田舎暮らしができるわけではありませんが、現代の、都会のマンション暮らしの祖父母でも、その精神を小さな孫に教えることはできるのではないかと思います。**

たとえば、マンションの近くを一緒に散歩しながら、草笛を作って吹いてみせたり、クローバーでカチューシャを作ったり。おもちゃ屋に連れていかなくても、小さな子どもの遊び道具は身の周りでいくらでも見つかるのですから、自分で作れることを教えていきましょう。

本来、お手玉やあやとりは子どもの反射神経や動態視力、手先の器用さなどを育てる効果もある遊びなのです。

こうした年長者ならではの技を披露《ひろう》するだけで、小さな孫たちの目はキラキラと輝き、祖父母を見る目に尊敬が交《ま》じるようになるのではないかと思います。

「本当に困ったら開けなさい」
——弟子に残した一休さんの遺産

子どもや孫には「遺産」を残したい。私はそう願っていますが、残したいというのは「一休《いっきゅう》さん」のような遺産です。

一休さんといえば頓智《とんち》で知られ、アニメにもなっていることから、子どもたちの間でも人気者です。実像の一休（宗純《そうじゅん》）は、今から六百年ほど前の室町時代に実在した臨済《りんざい》宗のお坊さんで、後小松《ごこまつ》天皇の落胤《らくいん》（母は藤原氏の出）とする説が有力視され、それが本当であれば上流階級の生まれにふさわしく、残した遺産もいまに語り伝えられるほどすばらしいものでした。

天皇の血を引いた一休は、生まれる前から政争に巻き込まれ、六歳のときに臨済宗安国寺《あんこくじ》に預けられ、出家したとされます。成長するとともに人並みはずれた才気煥発《かんぱつ》ぶりを見せました。有名な「このはし渡るべからず」や「屏風《びょうぶ》の虎を縛ってみせます。さあ、追い出してください」などの逸話は八～十歳ぐらいのときの実話をベースにされたものと伝えられます。

禅僧として高名を得る一方で、当時、固く禁じられていた肉食や女犯《にょぼん》など数々の奇行でも知られますが、これは権威や戒律《かいりつ》の形骸《けいがい》化を批判、風刺することで、「本来の仏教に帰れ」と警鐘を鳴らしたのだと考えられています。

高い身分だったために幼少期からいわれなき迫害にあってきたからか、一休は長年にわたって権力と距離を置いて生き抜き、野僧《やそう》として貧しい生活に明け暮れます。しかし、すでに老境に足を踏み入れた八十歳のとき、戦乱で炎上した大徳《だいとく》寺《じ》の復興のために時の天皇から大徳寺住職に任じられると、いっさいを飲み込んで住職の座に就きました。

一休が死の床《とこ》についたのは八十八歳のとき。当時の平均寿命の倍近い長寿でしたが、それでも「死にとうない」と言ったとか。仏の道を究《きわ》めた者にあるまじき未練だとも見えますが、悟りを得ながらも人間性を失わなかった、いかにも一休らしい心情の吐露《とろ》とも考えられます。

いよいよ死期が迫ったとき、一休は弟子を集めると「本当に困ることがあったら、これを開けなさい」と一通の書状を弟子に授け、やがて穏やかに冥途《めいど》へと旅立っていきます。

天皇家から賜《たまわ》った広大な所領地の証文《しょうもん》か、あるいは堺《さかい》の商人から送られた莫大な富の預け証か、それらがずらりと書かれた目録《もくろく》書か。いやがうえにも期待は膨らみますが、弟子たちも一休の遺言を固く守り、少々の難事では遺書を開けようとはしませんでした。

それから何年かがたち、寺に深刻な大問題が起こって、八方ふさがりになったとき、弟子たちはついに師の遺産に頼るほかはないと決意します。さて、書状を開くと、そこには目録書でも莫大な財産の預け証でもなく、一休の手になる書が入っていました。

書かれていたのは「心配するな、なんとかなる」とのみ。

しかし、考えれば考えるほど、この言葉に勝る遺産はないでしょう。どんなに追い詰められた状況でも「人生、そこで終わり」ということはないはずです。人生は必ずその先へ、先へと続いていきます。何とかなっていくのです。

一休ならずとも、後の世に必ず伝えていきたいのは、**八方ふさがりであればあるほど気を楽にして、でも何とか問題解決を図ろうとする「力強い楽観主義」とでもいうべき考え方ではないでしょうか。**

「心配するな、なんとかなる」の教えは、どんな巨額の富とも比べものにならないくらい、価値のある遺産だったのです。

第7章

最期の日まで自分らしく生きる

人生の総決算は潔く、清々しく

弔いはどうされたいか
——人生の幕をどう引くか考える

最近、新聞の訃報《ふほう》欄を見ても「葬儀は近親者ですませ……」という文言をよく見かけるようになりました。そのうえで後日、親しい友人などが集まり、お別れ会を開く——。次第にこうした簡素な葬儀になっていくのは、望ましい傾向だと私は思っています。

これまで、日本の冠婚葬祭は派手すぎるうえ、弔意《ちょうい》や祝意を「香典《こうでん》」や「御《お》祝《いわい》」などの現金で示すことが普通でした。でも考えてみれば、これは戦後の何十年かの間に急速に発達した習慣だったのではないでしょうか。

戦前の庶民の暮らしを描いた映画などを見ると、結婚式も葬式もそれぞれの家で執り行なわれ、近所の奥さん連が割烹着《かっぽうぎ》片手に台所に集まり、ふるまい料理などを手伝ったりしたものでした。

それがいつの間にか、結婚式も葬式も、専門業者の手で行なわれるようになります。商業主義が介在するようになると、形ばかりが派手になり、ただ空々《そらぞら》しい後味が残るような式が増えたように感じられてなりません。

これは冗談にせよ、「葬式代ぐらい残して逝《い》きたいよ」などと口にする人がいるのも、いつの間にか、こうした仰々《ぎょうぎょう》しい費用のかかる葬式が当たり前のことだという思いが、刷り込まれてしまったからかもしれません。

私が知っているかぎり、アメリカでは葬儀も結婚式ももっとアットホームです。もちろんお金もそれほどかからず、それゆえにいっそう心に沁みるものであるようです。

昨年、仕事仲間を見送った知人がこう語っていました。

「驚いたよ。彼の供養に行ったら、仏壇はいうまでもなく、位牌《いはい》もなければ線香立て一つないんだ。遺骨と写真だけ。遺骨の前には、大好物だったバーボンウイスキーのキャップが数個置かれていただけだった……」

海外出張先で訃報を受け取り、帰国してからお参りに行ったため、葬儀の様子を知らなかったらしいのですが、息子さんから通夜《つや》も葬儀もなし、病院から火葬場へといわゆる直葬《ちょくそう》にしたと聞いたそうです。

戒名《かいみょう》もなく位牌もない弔《とむら》い方は、亡くなった人の固い遺志だったということでした。故郷の海に散骨《さんこつ》してほしい、墓も要らないと言い残して逝ったそうです。

「ちょっと驚いたけれど、いかにも彼らしいなあと、かえって清々《すがすが》しい思いだったよ」

その気持ちは、私にもよく理解できるような気がしました。

どんな送られ方をしたいか、どんな葬儀にしてほしいかは、自分の人生の最終の幕をどのように引きたいか、ということだといえるでしょう。

自分が本当に見送られたい形で、旅立っていけばいいのです。「葬式ぐらい人並みに……」と思うのも自由なら、彼のように病院から火葬場へという直葬を選ぶのも自由です。もちろん、最後の最後まで盛大にしてほしいという考えだってありでしょう。

立派なものはさておき、簡素な形を望むと世間体が……と気にすることはありません。葬儀を含めて、人は限りなく自由でありたいと願う生き物なのですから。

ただ、そう望むのであれば、家族などにきちんと言い残しておくことが大事で

す。そして家族の側も、その遺志を尊重することが旅立っていった者をリスペクトすることになる、という認識を持つべきでしょう。

お父さんの遺志通りに、通夜も葬儀も戒名も位牌もない弔い方を貫いた息子さんの例は、知人から話を聞いた私にまで、お父さんへの尊敬や深い思いが伝わってくる感慨深いものでした。

私自身も葬儀はできるだけ簡素に、親族のほかは指折り数えるくらいの友人に穏《おだ》やかに見送られたいと願っています。

簡素さは心を研《と》ぎ澄ますものです。逝った人を深く静かに思う——。その思いがあれば、それ以上の葬儀はないと思うからです。

年齢を重ねたら、死について深く考える時間を持つ

私は四十代で自分の墓を作り、六十歳になった年に仏教を本格的に学び始めました。それほど意識していたつもりはないのですが、やはりどこかで、死を強く意識しながら生きてきたのかもしれません。

医師という職業を選んだ以上は宿命といえるのでしょうが、若いときから日常的に死がそこにある日々を送ってきたのです。やがて、人はなぜ死んでいくのだろうと考えるようになっていました。

幼い死、若い死、人生の盛りの死、老いて枯《か》れるようにして亡くなる死……。ときには、なかなか死を迎えられず、苦しむ例も見てきました。そうしているうちに、生きるとはどういうことなのか。どう生きれば死を静かに受け入れられるのかという考えが膨らみ、深まっていくのを体験してきたのです。

「死ぬことを学ぶことと、死ぬことは、あらゆるほかのはたらきと同様に価値の高いはたらきである」

ヘルマン・ヘッセの『人は成熟するにつれて若くなる』にある一節です。

老いの日は、体力的には人生の盛りを終え、静かに夕暮れに向かう軌跡《きせき》です。それは否定することもできず、逃れることもできない定めというべきでしょう。

その最後に死があることも皆、知っている……。

しかし死は人生の終わりなのではなく、人としての完成形なのかもしれない。

私は最近、そう思うようになっています。

老年になり時間にゆとりができたら、もっと死について熟考すべきだとお勧めしておきます。より多くの死を見つめ、自分なりの死についての思い、考えを確かなものにしていくべき年齢になったのだ、という自覚を持つべきです。

「自分は医療関係者ではないので、たくさんの死を見る機会などない」という人もいるでしょう。でも、死は病院の中だけにあるわけではありません。**いちばんたくさん死があるのは、実は本の世界ではないでしょうか。**

読書はいちばんお金のかからない趣味であり、手軽なものでありながら、人間を磨き深める最高の手段だと思います。文庫や新書ならコーヒーかラーメン一杯程度の金額で、古今の叡智《えいち》に触れることができるのです。図書館を利用すれば、もっとお金はかかりません。

私は以前から無類の本好きでしたが、大学院生になってからさらに読書好きに輪がかかり、毎月数十冊以上の本を読んでいます。空海《くうかい》に学び、親鸞《しんらん》と出会い、道元の言葉に耳を傾けたのも皆、本の中でです。

わざわざ高速料金を使って車通勤しているのも、このほうが時間を一時間も短縮できるから。その分、自分の時間が増え、読書する時間も確保できます。

本だけではありません。映画、ドラマ、芸術……。一見死を描いた作品でなくても、そこに人が描かれている以上、生きるということ、どのように人生を送ればいいのか、そして、どう自分の死を迎えればいいのかという示唆にあふれているはずです。

「豊穣《ほうじょう》の生命」は「豊穣の死」とイコール。生きることの裏側には、常に死が密着しています。その気になれば、草や花、庭に住む小さな生き物からも死を学ぶことはできるでしょう。

「生は来《らい》にあらず、生は去《こ》にあらず。生は現にあらず、生は成《じょう》にあらざるなり。しかあれども、生は全機現《ぜんきげん》なり、死は全機現なり」

道元の『正法眼蔵《しょうぼうげんぞう》』にある言葉です。私は『正法眼蔵』をわずか数百円の古本で手に入れましたが、そこから得たさまざまな知識、感慨はまさに無限の価値がありました。

「自分の最期」について夫婦や家族ともっと話し合おう

自分が死んだ後、家族の心身の負担を最小限にするためにも、死に臨《のぞ》んだときの自分の思いを書き残しておくこと、いわゆる「エンディングノート」を書いておくといいと思います。

エンディングノートは書店や文具店などで手に入りますし、パソコンを操作して関連サイトからダウンロードすることもできます。一般的には、次のようなことも書いておくといいとされています。

①自分史（これまでの人生を振り返って、特に思い出に残っていることなど）
②資産一覧
③介護や延命治療などについての考え方、希望
④葬儀や墓についての希望
⑤遺産相続における希望。遺言書の有無
⑥家族や親戚、友人などへの言葉

ただしエンディングノートは、正式な遺言書（遺言公正証書や自筆遺言書）と違

って、法的な効力はありません。法的な効力を必要とする場合は、エンディングノートとは別に、正式な遺言書を用意しておきましょう。

しかし、ある意味では正式な遺言書以上に、故人の思いが込められているのがエンディングノートと考えられます。遺族はエンディングノートにある故人の思いを、最大限尊重する気持ちを持つようにしたいものです。

同時に大事なことは、ときどき、エンディングノートに書いたことを配偶者や子どもたちに話しておくことでしょう。

先日も知人が、奥さんや子どもに「万一のことがあったら葬式は……」と話そうとしたら、「そんな縁起でもないこと、やめてくださいよ」と一蹴《いっしゅう》されたと語っていました。日本には、いまでも死を忌《い》み、なるべく遠ざけようとする感覚が強く残っているのでしょう。

知人は、エンディングノートを書いておいても、その通りに実行してくれるかどうか……という不安も口にしていましたが、だからこそ普段から死についても率直に話し合っておく必要があるのです。そのときの印象が強く家族に残っていれば、万一のときに、亡くなった人の遺志をないがしろにすることなどあり得ないでしょう。

ＮＰＯ法人「高齢社会をよくする女性の会」の調査（平成二十五年三月発表）によれば、自分の最期の医療について「家族に希望を伝えている人」は三一パーセント。残りの三人に二人は、自分の思いどおりの最期を迎えられるかどうか、あやふやな状態になっているのです。

老いを深める中で夫婦や家族で死について語り合うことは、縁起が悪いわけでも何でもなく、ある意味、人生においていちばん大事な取り組みといえるのではないでしょうか。

「自然な老い、自然な死」を受け入れる人生観が増えている

「延命治療はしないでほしい」と希望する人が次第に増えてきているそうです。

少し突っ込んで聞くと「胃《い》ろうは要らない」と答える人が多いようですが、一口に延命治療といっても、さまざまなシチュエーション別の選択があります。

国立長寿医療センターによる「私の医療に対する希望（終末期になったとき）」

調査によれば、終末期医療には次のような項目があり、このセンターでは入院時に患者本人にこうした書類の記入を求めるようにしているそうです。ただし、この希望は絶対ではなく、いつでも修正や撤回ができ、また法律的な意味もありません。

1．基本的な希望

①痛みや苦痛について（希望の項目をチェックする）

□できるだけ抑えてほしい（□必要なら鎮静剤を使ってもよい）

□自然のままでいたい

②終末期を迎える場所について　□病院　□自宅　□施設　□病状に応じて

②その他の基本的な希望（自由に記載する）

2．終末期になったときの希望

①心臓マッサージなどの心肺蘇生　□してほしい　□してほしくない

②延命のための人工呼吸器　□つけてほしい　□つけてほしくない

③抗生物質の強力な使用　□使ってほしい　□使ってほしくない
④胃ろうによる栄養補給　□してほしい　□してほしくない
⑤鼻チューブによる栄養補給　□してほしい　□してほしくない
⑥点滴による水分の補給　□してほしい　□してほしくない
⑦その他の希望（自由に記載する）

平成二十五年三月、ＮＰＯ法人「高齢社会をよくする女性の会」が「人生最期の医療に関する調査」結果を発表しました。四七四四人からの回答のうち、六十歳以上の高齢者の回答を見てみると、「意志表示ができなくなり、治る見込みがなく、全身の状態が極めて悪化した場合」には、次のような結果が出ています。

鎮痛剤を「使ってほしい」は六十代で七〇パーセント、「使ってほしくない」が一八・八パーセント。七十代で「使ってほしい」は六七・九パーセント、「使ってほしくない」が二一・五パーセント。八十歳以上で「使ってほしい」は五三・三パーセント、「使ってほしくない」が三一・八パーセント。

心肺蘇生は全体のうち、女性で「してほしい」は一三・七パーセント、「してほしくない」が七四・一パーセント。男性で「してほしい」が二二・五パーセント、「してほしくない」が六三・一パーセント。胃ろうは全体で「してほしい」が四・五パーセント、「してほしくない」が八五パーセント。

一〇〇パーセントに満たない不足分は、それぞれ「分からない」という回答です。

二〇〇八年発表の厚生労働省のデータとくらべると、延命治療を望まない人は倍以上になっています。**自然な老い、自然な死を受け入れるという人生観がだんだんと確立されてきている傾向がはっきりと見てとれるでしょう。**

先述の貝原益軒は『養生訓』に、寿命について「凡（およそ）万（よろず）のこと皆天命なれば人の力及びがたし」と書いています。

真の寿命は、天命を受け入れることなしには成り立ちません。

いたずらに逆らわず、静かに穏やかに寿命を終える——。その姿はこのうえなく清々しく、そして自然です。特別な宗教を持つかどうかに関わりなく、大いなる世界に召されていく感じがあり、見送る人の手は自然に合掌《がっしょう》し、心には充足感さえ満ちてくるようです。

死は喪失でも悲しみでもなく、深い歓びでもある。大事な人はそのように見送りたいし、自分自身もそのように見送られたいと願っています。

いまこの一瞬を生きることは、永遠を生きること

死を思い、死を見つめ、死について語り合うことをお勧めします、などとお話しすると、「何だか辛気《しんき》臭い。こんな年になって暗い気持ちで毎日を過ごすのはイヤだから、死のことは頭から追い払って、もっと前向きに生きていこうよ」と言われそうです。

でも、それは考え違いです。死について思いを深めると、反対に、いま生きてここにあることが貴重な光を放つのです。

特に老後では、その貴重な光がひときわ光芒《こうぼう》を放つように感じます。いつ死が訪れるか分からないのは年齢や性別には関係ないことですが、そうはいっても年を重ねてくると、確実に死が近づいてきているからです。

たとえば毎年咲く花を見ても、ふっと、来年もこの花を見ることができるだろうかという思いが頭をかすめます。すると毎年見てきた花が、一段と心に沁みるものになるのです。

仏教には「即今《そっこん》」とか「而今《じこん》」という考え方があります。過去や未来に囚われず、ただ、いま、この一瞬を精いっぱい生きるという意味です。「いま、この一瞬」のほかに、自分が生きているときはないのです。

そして、この一瞬が積み重なって一日になり、一生になり、永遠にもつながっていくのです。一瞬一瞬を光らせて生きていないのなら、たとえ百歳生きてもそんな一生は空っぽで、もの悲しさが残るだけでしょう。

「お金があってもなくても、人生は人生」と言いきれる人

一瞬を光らせて生きることに心を注ぐようになると、お金があるかないかなど気にならなくなってきます。

先日、すばらしいテレビ番組に出会いました。雑草や里山の小さな植物たちの

生命の営みを撮り続けてきた植物写真家の埴沙萠《はにしゃぼう》さん、八十二歳のドキュメントです。

若い頃はサボテンの研究をしていたそうですが、あるとき、足元の小さな自然に目を向けると、小さな草や花たちの営みの、ため息が出るような美しさから目を離すことができなくなってしまったのです。

光輝くヒノキの芽。美しく舞うキノコの胞子《ほうし》。少しでも遠くに種子を飛ばそうと身をしならせるツクシ。この生命の舞台は特別なところではなく、群馬県にある自宅の庭や周辺の山里です。

植物たちは生命の継承のために、小さいながらも花を咲かせ、種を飛ばし、虫や鳥を引きつけるアピールも怠りません。

やがて埴さんは、仕事を辞めて写真撮影に専念する生き方を選びました。

収入は減り、一挙に不安定に。そんななかで子どもを育てていった苦労は並大抵のものではなかったと、かたわらの奥さんは柔和《にゅうわ》な笑みを浮かべながら穏やかに語ります。

いま八十代に足を踏み入れ、なお、小さな草々の生命の営みにレンズを向けています。

「一円もなくたって人生は人生……」

そう言いきる目には、充実を感じながら生きてきた人だけが持つ輝きが満ちています。

生きているこの一瞬が、永遠に続いていく足跡なのです。そうした境地で生きていく姿勢を確立する――。これこそ究極の「節約」といえるかもしれません。

すべてを素晴らしいものに変えてしまう「ありがとう」

「小さな生命の営み」にも慈《いつく》しみの目を向けることができるようになると、自然に、この世には目に見えないけれど、計り知れないほどの大きな力が働いていることを素直に感じ取ることができるようになってくるでしょう。

私たちは、生きているのではなく、その大きな力によって、生かされているといえるのかもしれません。私たちの生命は与えられたもの、授《さず》かったものなのです。

それを感じたとき、生命を与えられたこと、今日、こうして生きていることに対して、心の底から感謝の念が込み上げてくるはずです。

その感謝をそのまま「ありがとう」と口に出してみましょう。家族に対して、社会に対して。自分を見守ってくれているすべての人に、自分の日常を構成するさまざまなものを提供してくれる人それぞれに、「ありがとう」と言ってみることです。

「ありがとう」もまた、仏教に由来する言葉です。『雑阿含経《ぞうあごんきょう》』の中に、釈尊《しゃくそん》の話が説かれています。

「たとえば、大海の底に一匹の目の見えないカメがいて、百年に一度、海上に浮かび上がるのだ。その海には一本の浮木が流れていた。浮木の真ん中には穴がある。カメが浮き上がったとき、ちょうどその穴のところに浮き上がり、頭を突っ込み、穴から海上に頭が出ている……。

そんな、あり得ないこと、ありがたいことが起こった。それがここにいる一人ひとりが人間として生まれたということなのだよ」

だからこそ、親鸞は「人間に生まれたことをよろこべ」とありがたいと思うように話したのです。

私は、人生をもっとも価値あるものにする言葉は「ありがとう」だと思っています。

でも、どんな場合にも、どんな人にも、心の底から「ありがとう」と口にできるようになるには、それなりの人生経験が必要でしょう。

人として成熟を進めていくにつれ、あらゆるものに深く感謝することができるようになっていく……。そうなったとき、どんな場合にもまず「ありがとう」という言葉が口に浮かんでくるようになるでしょう。

そういう心情に至ったときには、今生きているということ、身の周りにあるさまざまなこと、さまざまな人……すべてが万金《ばんきん》よりも価値があるものだと痛切なまでに感じるようになるのです。

もっとも豊かさに満たされた人生とは、そうした境地で生きていくことではないでしょうか。

すべてのもの、すべての人、すべてのことに心の底から「ありがとう」と言う習慣を今日から自分のものにしていきませんか。

―参考文献―

『イギリス節約生活　お金がなくても幸せになれる』アリスン・デバイン（光文社）
『吉沢久子の簡素生活　ものを生かす技術、使いきる知恵』吉沢久子（海竜社）
『英国式スローライフのすすめ　簡素でゆたかな暮らし方』大原照子（大和書房）
『お金とモノから解放されるイギリスの知恵』井形慶子（大和書房）
『老いのシンプル節約生活』阿部絢子（大和書房）
『幸福になるための作法45』中野孝次（ポプラ社）
『老年の良識』中野孝次（海竜社）
『五十歳からの生き方』中野孝次（海竜社）

本書は、２０１３年７月にＰＨＰ研究所より刊行された
『精神科医が教える　お金をかけない「老後の楽しみ方」』（ＰＨＰ文庫）を
一部改訂の上、新装復刊したものです。
なお本文中に出てくる一部人名、肩書き等は発刊当時のものです。

保坂 隆

ほさか たかし

1952年山梨県生まれ。保坂サイコオンコロジー・クリニック院長。慶應義塾大学医学部を卒業後、同大学医学部精神神経科入局。1990年より米国カリフォルニア大学に留学。東海大学医学部教授、聖路加国際病院リエゾンセンター長・精神腫瘍科部長、聖路加国際大学臨床教授を経て、現職。

『精神科医が教える 心が軽くなる「老後の整理術」』『老後のイライラを捨てる技術』（以上、PHP研究所）、『精神科医が教える ちょこっとズボラな老後のすすめ』『精神科医が教える 繊細な人の仕事・人間関係がうまくいく方法』（以上、三笠書房）、『精神科医が教える 50歳からのお金がなくても平気な老後術』『精神科医が教える すりへらない心のつくり方』（以上、大和書房）『頭がいい人、悪い人の老後習慣』（朝日新聞出版）、『老いも孤独もなんのその「ひとり老後」の知恵袋』（明日香出版社）など著書多数。

新装版　精神科医が教える
お金をかけない「老後」の楽しみ方

2024年7月11日　第1版第1刷発行

著者	保坂 隆
発行者	岡 修平
発行所	株式会社PHPエディターズ・グループ 〒135-0061　江東区豊洲5-6-52 ☎ 03-6204-2931 https://www.peg.co.jp/
発売元	株式会社PHP研究所 東京本部　〒135-8137 江東区豊洲5-6-52 普及部　☎ 03-3520-9630 京都本部　〒601-8411 京都市南区西九条北ノ内町11
PHP INTERFACE	https://www.php.co.jp/
印刷所 製本所	図書印刷株式会社

©Takashi Hosaka 2024 Printed in Japan ISBN978- 4-569-85744-2
※本書の無断複製（コピー・スキャン・デジタル化等）は著作権法で認められた場合を除き、禁じられています。また、本書を代行業者等に依頼してスキャンやデジタル化することは、いかなる場合でも認められておりません。
※落丁・乱丁本の場合は弊社制作管理部（☎03-3520-9626）へご連絡下さい。送料弊社負担にてお取り替えいたします。